Dieses Buch ist anders als andere Bewerbungsratgeber. Sie werden in diesem Buch keine Mustervorlagen für Ihre Bewerbung finden und auch keine
„todsicheren" Tipps für Ihren Erfolg.

Und das aus gutem Grund: Eine Bewerbung sollte
authentisch Ihre Persönlichkeit zeigen und nicht
das, was Autoren von Bewerbungsratgebern darüber denken, was Unternehmen hören möchten. In
diesem Buch lernen Sie sich selbst besser kennen
und entwickeln Ihren persönlichen Weg, wie Sie
ohne Bullshit zum Traumjob kommen.

*Dr. Frank Knoche hat in den letzten 10 Jahren als Head-
hunter und Berater unzählige Bewerber mit Unternehmen zusammengebracht. In diesem Buch räumt er mit
Mythen aus dem Bewerbungsalltag und mit vermeintlichen Karrieren auf: „Mit diesem Buch möchte ich Sie
motivieren, sich authentisch zu bewerben und niemanden zu imitieren. Nur so haben Sie die Chance, Ihren
Traumjob zu finden und diesen auch lange mit Freude
auszufüllen". Dr. Frank Knoche ist geboren und aufge-
wachsen in Nordhessen und lebt aktuell in Hamburg.*

„Interessant und kurzweilig geschrieben. Herr Dr. Knoche gibt wertvolle Anregungen und Hilfestellungen nicht nur für Festangestellte, sondern auch für Freelancer und Interim Manager."

Heiko Siemssen, Geschäftsführer
www.ifellow.de

„Ein hervorragendes Buch. Strukturiert und prägnant. Ein Muss für Bewerber, und auch für Unternehmen."

Jürgen Paul, Geschäftsführer
Nord Project Immobilien und Beteiligungs-GmbH

„Bei sich selbst anfangen hilft, damit der Berufsweg nicht zur Achterbahn wird. Frank Knoche hat auch mir die Augen geöffnet. Großartig."

Dr. Barbara Ilievski, Psychiaterin

Frank Knoche

Bewerben ohne Bullshit

Authentisch zum Traumjob

Ein Buch mit Entscheidungshilfen

Twitter: @FrankKnoche

Foto Vorderseite:
Nik MacMillan, www.imnik.com

Foto Rückseite:
Jimmy Bay, www.jimmybayphoto.com

Lektorat, Korrektorat: Britt Pirker

Verlag: tredition GmbH, Hamburg

ISBN
Paperback 978-3-7439-5754-1
Hardcover 978-3-7439-5755-8
e-Book   978-3-7439-5756-5

Printed in Germany

Inhaltsverzeichnis

1 Gibt es Bilderbuchkarrieren?

Alles schien für Michael Werner perfekt zu laufen. Seit fast vier Jahren war er nun schon Brand Manager bei einem internationalen Technologiekonzern in Hamburg.

Michael Werner hatte ein hohes Ansehen im Unternehmen. Die Kollegen respektierten ihn und sein Chef gab ihm große Freiheiten. Mit drei Kollegen spielte er sogar gemeinsam Fußball. Auch die Liebe seines Lebens hatte Michael Werner in Hamburg kennengelernt. Vor kurzem hatte er Cecilia – inzwischen schwanger – geheiratet. Es war ein tolles Fest, bei dem fast die gesamte Marketingabteilung seiner Firma präsent war. Sogar sein Chef mitsamt Gattin hatte die ganze Nacht mitgefeiert und das Fest erst im Morgengrauen verlassen. Das Leben von Michael Werner konnte nicht besser laufen. Eigentlich.

Eigentlich war alles perfekt – sowohl privat als auch beruflich. Seine Arbeit als Brand Manager machte ihm sehr viel Spaß. Sein Job war sicher. Die Abläufe in der Firma waren so gut eingespielt, dass er selten Überstunden machen musste und viel Zeit mit seinen Freunden und mit Cecilia genießen konnte. Aber irgendwie dachte Michael Werner, dass da noch mehr kommen muss.

Michael Werner war bereit für den nächsten Karriereschritt. Er bewarb sich auf mehrere Marketingleiter-Positionen im In- und Ausland. Nach der fünften Bewerbung ging alles sehr schnell: Urs Gerber, der Inhaber eines Schweizer Familienbetriebes mit 800 Mitarbeitern war begeistert von Michael Werner. Nach dem altersbedingten Ausscheiden des bisherigen Marketingleiters suchte er „einen dynamisch-kreativen Macher, der mit neuen Marketingideen die Internationalisierung des Schweizer Familienunternehmens nachhaltig begleiten" konnte. Michael Werner war seine Idealbesetzung.

Auch Michael Werner war begeistert von der Visionskraft des Schweizer Unternehmers und seiner marktführenden Designprodukte. Nicht zu verachten war auch das Schweizer Gehalt, welches fast doppelt so hoch war wie sein bisheriges Brand Manager-Gehalt in Deutschland. Schnell wurde man sich handelseinig und schon drei Monate später sollte Michael Werner seine neue Position in der Schweiz antreten.

Der Abschied in Hamburg war tränenreich. Die alten Kollegen schenkten Michael Werner einen „Notfallkorb" mit Hamburger Spezialitäten wie Labskaus und Helbing Kümmel sowie ein Gruppenfoto auf dem alle ein „We will miss you, Michi"-Shirt trugen. Die Fußballfreunde zogen mit Michael Werner ein letztes Mal über die Reeperbahn. Nicht nur Michael, sondern auch Cecilia Werner freute sich auf den gemeinsamen nächsten Lebensabschnitt in der Schweiz: Neuland für die werdende Familie. Die Vorfreude darauf war bei beiden sehr groß.

In der Schweiz angekommen zogen Michael und Cecilia Werner zunächst in eine möblierte Wohnung, die Urs Gerber ihnen zur Verfügung stellte. Die Einrichtung war zwar etwas altbacken, aber für den Anfang völlig in Ordnung. „Erst mal die Probezeit überstehen und dann bauen wir uns unser Nest", so Michael Werner zu seiner hochschwangeren Cecilia.

Beruflich lief alles perfekt. Michael Werner konnte sehr schnell Akzente setzen und wurde auch in seiner Führungsfunktion von seinen Schweizer Mitarbeitern sehr geschätzt. Auch privat lief alles bestens: Die kleine Leonie kam zur Welt und Familie Werner fand nach sieben Monaten eine schöne Wohnung direkt an einem Berghang.

Während Cecilia Werner sich ausschließlich um die kleine Leonie kümmerte, hatte Michael Werner beruflich sehr viel um die Ohren. Gemeinsam mit Urs Gerber bereitete er drei Produktlaunches für das nächste Jahr vor. Urs Gerber war für ihn mehr als nur ein Chef, er war zu einem väterlichen Freund geworden. So überraschte es Michael Werner nicht, dass Urs Gerber Cecilia und ihn zu seinem 60. Geburtstag einlud.

Der 60. Geburtstag fand mit 300 Gästen in einem Chalet in der Nähe des Firmensitzes statt. Nicht nur die örtliche Presse war zahlreich vertreten. Auch lernte Michael Werner die 29jährige Alina, die einzige Tochter Urs Gerbers, auf der Feier kennen.

Alina Gerber hatte Design in Paris und London studiert und war nach Ende des Studiums zwei Jahre um die Welt gereist und nun wieder zurück in der Schweiz.

Der 60. Geburtstag hielt eine Überraschung für alle bereit: Urs Gerber verkündete mit Stolz, dass ab dem nächsten Januar Alina Gerber als Chief Design Officer in das Familienunternehmen eintreten würde. Damit hatte Michael Werner nicht gerechnet. Er war erstaunt und hatte gemischte Gefühle. Einerseits freute er sich auf die Zusammenarbeit mit Alina, die als kreative Designerin bestimmt weiteren neuen Schwung in das Unternehmen bringen würde. Andererseits fragte er sich, welche Rolle Alina zukünftig einnehmen würde. Wären er und Alina auf gleicher Ebene? Oder wäre Alina quasi eine zweite Inhaberin? Hoffentlich würde sich das gut einspielen.

Cecilia und Michael Werner verbrachten mit der kleinen Leonie die Weihnachtsfeiertage und Silvester in Hamburg. Sie reisten am 7. Januar in die Schweiz zurück. Als Michael Werner am nächsten Tag zur Arbeit erschien, war Alina Gerber schon dort. Irgendwie herrschte eine merkwürdige Stimmung im Unternehmen.

Schnell merkte Michael Werner, dass Alina nicht die erhoffte Designverstärkung war, sondern sehr stark in seinen Verantwortungsbereich eingriff. Es kam zu ersten Konflikten zwischen Michael Werner und Alina. Und auch der Dialog mit Urs Gerber war nicht mehr so herzlich wie früher. Nach drei Monaten kam das Aus: Michael Werner wurde wegen unüberbrückbarer Differenzen mit Alina Gerber freigestellt.

Noch immer fassungslos von den Ereignissen nahm Michael Werner in der darauffolgenden Woche Kontakt mit einigen Personalberatern, unter anderem auch mit mir, auf: „Herr Knoche, ich brauche einen neuen Job als Marketingleiter. Ganz egal in welcher Branche."

Ich beruhigte Herrn Werner und riet ihm, nichts zu überstürzen und sich erst mal selbst klar zu werden, wie der nächste Karriereschritt aussehen solle, damit er nicht „vom Regen in die Traufe" komme. Gleichzeitig versprach ich ihm, die Augen offen zu halten. Vom Gehalt her wollte sich Herr Werner zunächst nicht verschlechtern. Dies machte es für ihn schwierig, innerhalb der Zeit der Freistellung eine adäquate Position zu finden.

Nachdem die Zeit der Freistellung zu Ende war, hatte Herr Werner noch immer keine neue Herausforderung gefunden. In seiner Not hatte er auch Kontakt mit seinem alten Chef in Hamburg aufgenommen. Seine damalige Position war inzwischen besetzt. Weitere Positionen im Marketing waren dort aktuell nicht vakant. Um seine Familie ernähren zu können, gab Michael Werner als Freiberufler Marketing-Seminare an verschiedenen Schweizer Akademien. Er arbeitete sehr hart, war kaum noch zu Hause und trotzdem reichte das erzielte Einkommen nicht annähernd dazu aus, die Familie zu ernähren.

Die Beziehung zwischen Cecilia und Michael Werner war durch die ganzen Ereignisse sehr angespannt. Als Michael Cecilia eröffnete, dass sie die schöne Wohnung am Berghang nicht mehr halten könnten, brachte dies das Fass zum Überlaufen. Cecilia erklärte Michael, dass sie mit der kleinen Leonie nach Hamburg zurückgehen würde und dass dies erst einmal eine Trennung auf Zeit sei - mit dem Ziel, vielleicht später als Paar wieder zusammenzuleben. Michael Werner blieb allein in der Schweiz zurück und zog in eine möblierte Einzimmerwohnung. Er kontaktierte mich erneut: „Herr Knoche, ich brauche einen neuen Job. Egal was. Egal wo."

Drei Monate später wandte sich ein Kunde aus Düsseldorf an mich, der einen Brand Manager suchte. Sofort dachte ich an Herrn Werner und rief ihn an: „Herr Werner, es gibt da eine interessante Vakanz in Düsseldorf. Allerdings ist es eine Position ohne Führungsverantwortung. Es ist eine Brand Manager-Stelle. Haben Sie Interesse?" Herr Werner hatte Interesse und wurde nach einem komplexen Entscheidungsprozess nach weiteren drei Monaten von dem Düsseldorfer Unternehmen eingestellt. Damit war er zumindest wieder in Deutschland und konnte seine Tochter Leonie auch öfter sehen.

Zwei Jahre später wurde bei Herrn Werners ehemaligem Arbeitgeber in Hamburg eine Senior Brand Manager-Position vakant. Sein Ex-Chef kontaktierte Herrn Werner und lotete dessen Interesse aus. Herr Werner musste nicht lange überlegen und sagte zu.

Nach viereinhalb Jahren ist Herr Werner nun wieder zurück in Hamburg. Von Cecilia lebt er noch immer getrennt, aber dafür sieht er seine Tochter regelmäßig. Mit seinen Fußballkumpels ist er in die Bezirksliga aufgestiegen. Und beruflich ist er als Senior Brand Manager bei seinem alten Arbeitgeber wieder in ruhigeren Gefilden. Mit etwas Glück wird er in fünf Jahren sogar Nachfolger seines Chefs.

Wie komme ich zum Traumjob?

Die vorherige Geschichte ist zwar in dieser Form frei erfunden, beruht aber auf realen Geschehnissen, die zwei meiner Kandidaten erlebt haben. Diese Geschehnisse habe ich zu dieser fiktiven Geschichte zusammengefügt.

Was sagt uns die Geschichte von Michael Werner? Herr Werner war beruflich und privat in einer hervorragenden Position. Doch trotz aller Zufriedenheit sehnen sich Menschen nach dem nächsten Karriereschritt oder werden durch ihr Umfeld zum nächsten Karriereschritt getrieben – gar nicht wissend, was sie damit gegebenenfalls aufs Spiel setzen.

Was Michael Werner passiert ist, ist kein Einzelschicksal. Eine neue Position anzustreben, ist immer mit Risiken verbunden. Ich gebe eine gesicherte Position auf und weiß nicht, ob die neue Position ein nachhaltiger Karriereschritt sein wird.

Was ist überhaupt Karriere? Wie definiere ich das für mich? Und wie kann ich das Risiko zumindest minimieren, damit es mir nicht so geht wie Michael Werner? Wie werde ich im Job zufrieden? Welche Jobs passen überhaupt zu mir? Und wie komme ich an diese Jobs ran?

Diese und andere Fragestellungen thematisiere ich in diesem Buch.

Dieses Buch ist anders als andere Bewerbungsratgeber. Sie werden in diesem Buch keine Mustervorlagen für Anschreiben und Lebenslauf finden. Sie bekommen auch keine Tipps, was Sie beim Bewerbungsgespräch auf jeden Fall sagen sollten, um „garantiert" den Job zu bekommen.

Und dies aus gutem Grund: Eine Bewerbung sollte authentisch Ihre Stärken darstellen und nicht das, was Autoren eines Bewerbungsratgebers denken, was Unternehmen hören möchten. Dies macht Sie für Unternehmen beliebig austauschbar, da auch andere Bewerber entsprechende Ratgeber lesen.

Nach 9 Jahren als Personalberater kann ich Ihnen mittlerweile mit sehr hoher Treffergenauigkeit sagen, welcher Bewerber welchen Karriereratgeber gelesen hat. Kostproben dazu gibt es später im Buch.

Mit diesem Buch möchte ich Sie motivieren, sich authentisch mit Ihrer eigenen Persönlichkeit zu bewerben. Dadurch erhöht sich Ihre Chance, dass Sie auch wirklich Ihren Traumjob finden und diesen auch lange mit Freude ausfüllen.

2 Arbeitgeber und Arbeitnehmer – eine schwierige Beziehung

Das amerikanische Beratungsunternehmen Gallup (www.gallup.com) ermittelt seit 2001 auch in Deutschland jährlich in einer repräsentativen Erhebung den sogenannten Engagement Index, der Auskunft darüber gibt, wie hoch der Grad der emotionalen Bindung von Mitarbeitern und damit deren Engagement und Motivation bei der Arbeit ist.

Nach dieser Studie haben lediglich 15 Prozent der Arbeitnehmer eine hohe emotionale Bindung zu ihrem Arbeitgeber und sind mit Herz und Verstand bei der Sache. 70 Prozent der Beschäftigten sind emotional gering gebunden und machen nur Dienst nach Vorschrift. Und die restlichen 15 Prozent der Arbeitnehmer haben innerlich bereits gekündigt.

Erschreckende 85 Prozent der Beschäftigten sind demnach offensichtlich oder latent auf der Suche nach einer neuen beruflichen Herausforderung. Vermutlich gehören Sie auch dazu, da Sie dieses Buch in den Händen halten. Warum ist das so? Warum sind so viele Menschen mit ihrer beruflichen Situation unzufrieden?

„Daran sind die Unternehmen schuld", höre ich Sie gerade gedanklich formulieren. Stimmt. Die Unternehmen haben daran eine Teilschuld. Aber so ganz werden Sie den schwarzen Peter nicht los. Ein

Teil der Schuld liegt auch bei Ihnen: „Bei mir? Niemals!" Doch. Glauben Sie mir. Zu Ihrem Schuldanteil später mehr.

Widmen wir uns zunächst den Themen, die aktuell von Unternehmen als herausfordernd dargestellt oder von der Öffentlichkeit allgemein als schwierig wahrgenommen werden:

Fachkräftemangel-Bullshit

In Deutschland waren Mitte 2017 rund eine Million offene Stellen zu besetzen. Bei gleichzeitig rund 2,5 Millionen Arbeitslosen sollte doch zumindest ein Teil dieser offenen Stellen leicht zu füllen sein, denken Sie jetzt. Weit gefehlt!

Unternehmen wollen heutzutage scheinbar „passgenaue" eierlegende Wollmilchsäue, die dann auch noch teamfähig sein und zu 100 Prozent zur jeweiligen Unternehmenskultur passen sollen. Und wenn diese potenziellen Mitarbeiter zwar grundsätzlich am Markt verfügbar, aber in den Augen der Unternehmen zu teuer sind, dann wird der Fachkräftemangel heraufbeschworen und an die Politik appelliert, dass mehr hochqualifizierte Arbeitnehmer aus dem Ausland angeworben werden müssen.

Vor Zeiten des Internets waren Unternehmen kompromissbereiter. Vereinfacht sah der Prozess früher so aus: Man schaltete eine Anzeige oder

beauftragte einen Personalberater. Aus den einge-
gangenen Bewerbungen wählte man die subjektiv
besten Kandidaten aus und lud diese zu einem Vorstellungsgespräch ein. Der nach einer oder mehre-
rer Gesprächsrunden verbliebene subjektiv beste
Kandidat bekam ein Jobangebot. Sofern dies dem
Kandidaten zusagte, bekam er den Job. Sagte das
Angebot dem Kandidaten nicht zu oder war der
Kandidat nicht mehr verfügbar, so bekam der
„zweitbeste" Kandidat den Zuschlag.

Selbst wenn der beste Kandidat früher nur 60
Prozent der Anforderungen des Unternehmens
erfüllte, so wurde dieser eingestellt. In Bereichen
fehlender Skills wurde der Kandidat geschult und
gezielt entwickelt.

Heutzutage wird niemand mehr eingestellt, der
nicht mindestens 90 Prozent der Anforderungen an
eine Position erfüllt. Kandidaten sollen vom ersten
Tag an im Unternehmen voll funktionstüchtig sein.

Erfüllt keiner der Kandidaten diese Vorausset-
zungen oder sind die verfügbaren Kandidaten dem
Unternehmen zu teuer, so bleibt heutzutage eine
Position vakant. Big Data und weltweite Vernet-
zung suggerieren den Unternehmen, dass man nur
noch eine Weile länger suchen muss bis man mit
Sicherheit den geeigneten Kandidaten findet.

Kompromisse machen Unternehmen hierbei
nicht. Die Schuld sehen die Unternehmen natürlich
nicht bei sich selbst, sondern bei den vermeintlich
nicht genügend qualifizierten Kandidaten oder

deren „überzogenen" Gehaltsvorstellungen. Schuld haben in den Augen der Unternehmen auch gern die universitären Ausbildungsstätten, die scheinbar am Marktbedarf vorbei ausgebildet haben.

Ein kleines Beispiel aus der Praxis gefällig? Here we go: Ein Hochtechnologie-Unternehmen kam auf mich zu und war auf der Suche nach einem Ingenieur mit exzellenten fachlichen Skills, hoher Vertriebskompetenz und mindestens 10 Jahren Erfahrung in der Führung von international verteilten Teams. Zudem sollte der Kandidat neben den branchenüblichen Englischkenntnissen auch über verhandlungssicherere Französischkenntnisse verfügen. Selbst hatte man schon alle Register gezogen und nach sechs Monaten der Suche keinen geeigneten Kandidaten identifiziert. Als Headhunter sollte ich es nun richten.

Ich wies darauf hin, dass der Bottleneck des Anforderungsprofils in den verhandlungssicheren Französischkenntnissen liegen würde und hinterfragte, weshalb diese Kenntnisse erforderlich seien und ob man hier gegebenenfalls Abstriche machen könne. Das Unternehmen bestand auf verhandlungssichere Französischkenntnisse, da die mittelfristige Planung des Unternehmens die Eröffnung einer Niederlassung in Frankreich vorsah. Nein, bei Französischkenntnissen würde man keine Kompromisse machen. Drei Monate und einige Kandidateninterviews später hatten wir aus Sicht des Unternehmens noch immer keinen „passgenauen" Kandidaten präsentiert. Ich konnte aber ein Umdenken erreichen: Ich konnte das Unternehmen davon überzeugen, dass wir uns ab sofort auch mit Kandidaten befassen, die lediglich über Grundkenntnisse in Französisch verfügten. Und davon gab es zumindest ein paar. Weitere zwei Monate später hatte man sich für einen Kandidaten entschieden, der nach sechsmonatiger Kündigungsfrist bei seinem bisherigen Arbeitgeber dann zu diesem Unternehmen wechselte.

Lassen Sie uns kurz rechnen:

6 Monate unternehmenseigene Suche

+ 3 Monate Suche „perfektes Französisch"

+ 2 Monate Suche „Grundkenntn. Französisch"

+ 6 Monate Kündigungsfrist des Kandidaten

= 17 Monate bis zur Positionsbesetzung

Fassen wir zusammen: Vom Entstehen des Bedarfs bis zur Besetzung dieser Vakanz sind hier 17 Monate Zeit vergangen. Neun Monate davon hätte sich das Unternehmen sparen können, wenn es von Anfang an hinsichtlich der Französischkenntnisse kompromissbereiter gewesen wäre. Sie denken dies sei ein Einzelfall? Leider nein; dies ist normale Realität in deutschen Unternehmen.

> **Praxistipp:**
>
> Wenn eine Stellenanzeige schon sehr lange online ist, kann das daran liegen, dass die bisherigen Bewerber dem Unternehmen noch nicht „passgenau" genug waren. Dies kann Ihre Chance sein: Überlegen Sie, welche Anforderungen dem Unternehmen am Wichtigsten sein könnten. Diese Anforderungen gehören zu Ihren Stärken? Prima. Dann bewerben Sie sich und brillieren Sie mit Ihren Stärken.

Unternehmenskultur-Bullshit

Ein weiterer Punkt, weshalb Unternehmen und Kandidaten nicht zusammenkommen, ist der sogenannte Cultural Fit: „Herr Knoche, fachlich ist der Kandidat top, aber er passt einfach nicht zu unserer Unternehmenskultur". Derartiges Feedback von Unternehmen hinterfrage ich immer bis ins Detail. Was meinen Unternehmen damit, dass jemand nicht zur jeweiligen Unternehmenskultur passt?

Nähern wir uns der Frage der Unternehmenskultur mit einem Beispiel aus der Welt des Profisports, genauer gesagt aus der Welt des Profifußballs: Wenn eine Mannschaft der 1. Bundesliga früher einen neuen Trainer bekam, so versuchte dieser aus den vorhandenen Spielern (vielleicht verstärkt durch zwei bis drei neue Spieler) und deren Skills eine schlagkräftige Mannschaft für die nächste Saison zu formen. Der Trainer versuchte, die Stärken seiner vorhandenen Spieler bestmöglich zu kombinieren und darauf aufbauend ein Spielsystem zu entwickeln.

Heutzutage läuft dies völlig gegensätzlich. Heute werden Konzepttrainer mit einer bestimmten Spielphilosophie von den Vereinen engagiert. Spieler, die nicht zur Spielphilosophie des neuen Trainers passen, „dürfen" den Verein verlassen. Dabei wird ignoriert, ob diese Spieler Leistungsträger in der vergangenen Saison waren oder vielleicht in der Hierarchie der Mannschaft eine wichtige Rolle spielten. Der Spielphilosophie wird alles untergeordnet. Dies führt dazu, dass teilweise die Hälfte des Spielerkaders nach einer Saison ausgetauscht wird. Die Spielphilosophie steht über allem. „Kantige Typen" wie Stefan Effenberg oder Oliver Kahn finden „mangels Integrationsfähigkeit" in der heutigen Fußballwelt nur noch selten ihren Platz.

Ähnlich läuft es in Unternehmen ab: Es wird eine Unternehmenskultur definiert, der sich alles unterzuordnen hat. Neue Mitarbeiter werden danach ausgesucht, ob sie zur Unternehmenskultur passen. Das führt oft zu ja sagenden Lemmingen, die das Bild in vielen Konzernen bestimmen. Aber auch bei deutschen Startups wird gewissenhaft darauf geachtet, ob neue Mitarbeiter zur Unternehmenskultur passen. Und was nicht passend gemacht werden kann, fliegt raus oder wird gar nicht erst eingestellt.

Dabei sehnen sich alle Unternehmen nach Innovatoren und Innovationen. Aber wie sollen Innovationen in einer Kultur von ja sagenden Lemmingen entstehen? Hierzu braucht es einfach die „kantigen Typen". Obwohl diese Erkenntnis in der Theorie den Unternehmen bekannt ist, trifft man die Stefan Effenbergs und Oliver Kahns auf den Fluren deutscher Unternehmen höchst selten.

Stattdessen wird aktuell die „Diversity"-Sau durchs Dorf getrieben. Vielseitigkeit ist in. Aber bitte nur auf dem Papier. Denn der eine Quoten-Avalonier schafft schon genug Probleme.

In den USA ist man diesbezüglich schon weiter. „Moderate Agreeableness" heißt dort das Zauberwort – also Typen mit Ecken und Kanten, die nicht nur rebellisch, sondern auch diskursfähig sind. Nicht alles, was aus den USA kommt, ist auch gut. In diesem Fall können wir aber nur hoffen, dass „Moderate Agreeableness" auch zu uns herüberschwappt.

> **Praxistipp:**
>
> Sehen Sie sich vor Ihrer Bewerbung Firmenvideos im Internet an oder Vorträge, die Vertreter des Unternehmens in der Öffentlichkeit gehalten haben.
>
> Ihnen gefällt, was Sie sehen? Dann bewerben Sie sich.
>
> Ihnen sträuben sich beim Sehen dieser Videos die Nackenhaare? Dann verzichten Sie dort auf die Bewerbung, denn Sie sehen eine geschönte Unternehmensdarstellung. Die Realität ist noch schlimmer.

Employer Branding-Bullshit

Um dem vermeintlichen Fachkräftemangel entgegenzuwirken und um die „besten Talente" für das eigene Unternehmen zu gewinnen, setzen vor allem deutsche Konzerne vermehrt Employer Branding ein. Die Slogans dieser Arbeitgebermarketingkampagnen sind austauschbar und haben mit der Unternehmensrealität wenig zu tun. Was nützt es Ihnen als Bewerber, wenn Sie bei Recruitingevents zu Raftingtouren und anschließenden Lagerfeuerdiskussionen mit dem Vorstand des Unternehmens eingeladen werden, Ihnen später im Unternehmensalltag aber „bedingungsloser

Gehorsam" abverlangt wird? Auch die Entwicklung von neuen Geschäftsideen im Rahmen eines Recruitingevents mit anschließendem „Geheimkonzert" einer Boygroup sind vielleicht ganz nett, haben aber mit der Unternehmensrealität in der ostwestfälischen Provinz wenig zu tun.

Seien Sie auch misstrauisch, wenn ein Unternehmen mit mehreren Siegeln wie „Bester Arbeitgeber", „Bestes Traineeprogramm" oder „Besonders fairer Arbeitgeber" in seinen Stellenanzeigen wirbt.

Wirklich gute Arbeitgeber locken auch ohne Employer Branding-Maßnahmen gute Kandidaten an. Das heißt nicht, dass Unternehmen, die verstärkt auf Employer Branding setzen, per se schlechter sind. Ihnen sollte nur klar sein, dass auf die Marketingshow irgendwann die Realität folgt, die in der Regel ganz anders aussieht. Ein Blick in die einschlägigen Arbeitgeberbewertungsportale kann Ihnen im Vorfeld Hilfestellung geben, wobei auch hier „gefakte" Bewertungen der Unternehmen zu finden sind. Diese lassen sich mit ein wenig Übung aber leicht identifizieren.

> **Praxistipp:**
>
> Lassen Sie sich nicht zu sehr von schön designten Employer Branding-Kampagnen beeinflussen. Dies ist oftmals nur die Marketingshow und hat mit der Realität manchmal wenig zu tun. Machen Sie den Reality Check auf verschiedenen Arbeitgeberbewertungsportalen.

Entscheidungsunfähigkeit von Unternehmen

Der Trend zur Demokratisierung von Entscheidungen ist insbesondere in der Konzernwelt ungebrochen. Der Mut, eine Entscheidung allein zu treffen und gegebenenfalls damit auch eine falsche Entscheidung zu treffen, ist in den meisten Unternehmen nicht vorhanden.

Auch hier wieder ein Beispiel aus der Praxis: Ein DAX-Konzern suchte einen Divisionsleiter für eine neu aufzubauende Einheit. Der neue Divisionsleiter würde direkt an ein DAX-Vorstandsmitglied berichten. Wechselbereite Kandidaten hatten wir schnell identifiziert und nach sehr kurzer Zeit trafen sich das Vorstandsmitglied und der aussichtsreichste Kandidat zu einem informellen Abendessen. Beide waren sich sofort sympathisch und entwickelten schon während des Abendessens gemeinsam Ideen, wie sie die neue Division aufbauen könnten. Am nächsten Tag telefonierte ich mit dem

DAX-Konzern und auch mit dem Kandidaten. Beide waren begeistert und wollten die nächsten Schritte gehen.

Was nun folgte, waren „Peer Interviews" mit Kollegen des DAX-Vorstandsmitglieds. Auch diese Interviews absolvierte der Kandidat mit Bravour. Die Peers waren ebenfalls von ihm begeistert. Sie denken, der Anstellungsvertrag konnte nun ausgefertigt werden? Leider nein.

Der Konzern hatte eine weitere Stufe in den Entscheidungsprozess integriert und der Kandidat hatte ein Assessment bei einem externen Institut zu absolvieren. Die Personalabteilung versicherte mir, dass dies eine „reine Formsache" wäre.

Der Kandidat, der sich schon über die Peer Interviews gewundert hatte, wunderte sich nun noch mehr: Alle Interviewpartner fanden ihn gut. Und trotzdem sollte er noch zu diesem Assessment? Da er das Abendessen mit dem Vorstandsmitglied noch sehr positiv in Erinnerung hatte, konnte ich ihn auch von dem finalen Assessment überzeugen.

Das Assessment verlief jedoch anders als geplant. Der Institutsleiter mochte den Kandidaten vom ersten Augenblick an nicht. Dies hatte nichts mit den Fähigkeiten des Kandidaten zu tun, sondern war – wie sich später herausstellte - rein persönlich bedingt und führte dazu, dass der Institutsleiter die anderen Beobachter des Assessments überstimmte und der Kandidat bei dieser „reinen Formsache" durchfiel.

Die Personalabteilung sagte mir, dass so etwas noch nie vorgekommen wäre. Gemeinsam haben wir nochmal rekonstruiert, wie die Entscheidung zustande gekommen war. Es war auch für die Personalabteilung eindeutig, dass die Entscheidung auf persönlichen Animositäten des Institutsleiters beruhte. Trotzdem vertrat die Personalabteilung die Meinung, dass man die Entscheidung des Assessments berücksichtigen müsse und der Kandidat nicht eingestellt werden dürfe.

Dieser Meinung schloss sich auch das DAX-Vorstandsmitglied an. Obwohl er bereits beim Abendessen mit dem Kandidaten Pläne für die neue Division geschmiedet hatte und obwohl alle Peers den Kandidaten auch gut fanden, wurde der Kandidat nicht eingestellt. Das Dax-Vorstandsmitglied hatte, wie Oliver Kahn es sagen würde, nicht „die Eier", sich über die zweifelhafte Entscheidung des Assessments hinwegzusetzen.

Praxistipp:

Sie haben schon 5 Interviews mit einem Unternehmen hinter sich und das Unternehmen kann sich immer noch nicht für Sie entscheiden? Überlegen Sie genau, ob Sie für ein derart entscheidungsschwaches Unternehmen arbeiten möchten. Mit hoher Wahrscheinlichkeit betrifft die Entscheidungsschwäche nicht nur Bewerbungsprozesse, sondern auch andere Entscheidungen im Unternehmen. Wollen Sie in einem Unternehmen arbeiten, bei dem niemand „die Eier" für Entscheidungen hat?

Genug geredet über Unternehmen. Kommen wir nun zu Ihnen: Denn Sie haben Ihren Anteil daran, wie gut es mit Ihrem aktuellen oder potenziellen Arbeitgebern „matcht".

3 Die eigene Jobzufriedenheit steigern

Gehören Sie auch zu den 85 Prozent der Beschäftigten, die schon innerlich gekündigt haben oder nur noch Dienst nach Vorschrift machen? Da Sie immer noch dieses Buch in der Hand halten, ist die Wahrscheinlichkeit dafür hoch.

Die Gründe für berufliche Unzufriedenheit sind sehr vielfältig. Manchmal ist es wie bei Michael Werner in Kapitel 1, der Karriere machen wollte und hierfür eine Herausforderung außerhalb des eigenen Unternehmens suchte.

Oder sind Sie unzufrieden, weil Sie Ihre aktuelle Arbeit langweilt und Sie Ihre Fähigkeiten nicht richtig einbringen können? Oder fühlen Sie sich unterbezahlt? Auch die Angst vor einem möglichen Arbeitsplatzverlust spielt eine Rolle bei der Jobzufriedenheit. Oft ist es auch eine Kombination aus mehreren Faktoren.

Die Schwierigkeit ist dabei, dass man mit latenter Unzufriedenheit Dinge tut, die man gegebenenfalls schnell wieder bereut. Denken Sie an Michael Werner aus Kapitel 1. Eigentlich war alles perfekt, aber er hatte das Gefühl, Karriere machen zu müssen. Dies führte bei ihm zu einer mehrjährigen Odyssee, die er bei sorgfältiger Analyse der Ausgangsituation hätte vermeiden können.

Wie sieht eine derartige Analyse aus? Auf der nächsten Seite starten wir diese Analyse für Sie.

Ist-Analyse: Meine aktuelle Jobzufriedenheit

Nachfolgend finden Sie 5 Fragen, die ich basierend auf wissenschaftlichen Studien und Gesprächen mit vielen Kandidaten als essenziell für eine hohe Jobzufriedenheit erachte. Nach jeder Frage lasse ich Ihnen ein wenig Platz, sodass Sie Ihre Antworten direkt in dieses Buch schreiben können.

„Direkt in dieses Buch?", höre ich Sie fragen. Ja! Denn es ist Ihr Buch. Notieren Sie bei den Fragen einfach spontan Ihre Gedanken. So können Sie diese auch später noch einmal nachschlagen.

Sie schreiben nicht gern in Bücher? Oder Sie lesen das E-Book? Dann holen Sie sich jetzt einen Stapel Papier. Sie werden diesen im weiteren Verlauf benötigen. Übertragen Sie in diesem Fall zunächst Frage 1 auf ein leeres Blatt. Nachdem Sie Frage 1 beantwortet haben, übertragen Sie Frage 2 auf ein neues Blatt und beantworten auch diese Frage; usw.

Starten wir nun mit Ihrer Ist-Analyse:

Frage 1: Wofür werden Sie in Ihrem aktuellen Job bezahlt?

Wenn Sie zum Beispiel Physiotherapeut wären, könnte Ihre Antwort lauten: „Ich werde dafür bezahlt, dass ich meinen Patienten mit krankengymnastischen Übungen Hilfe zur Selbsthilfe gebe, damit meine Patienten schnell wieder gesund werden und zukünftig gesund bleiben".

Wofür werden Sie in Ihrem Job bezahlt? Tragen Sie Ihre persönliche Antwort hier ein:

Gut gemacht! War doch gar nicht so schwer. Weiter geht's:

Frage 2: Gibt meine Firma/mein Chef klare Ziele vor und erhalte ich Feedback zu meiner Arbeit?

Der Physiotherapeut könnte zum Beispiel antworten: „Jeden Morgen bevor die ersten Patienten kommen, setzen wir uns als Team kurz mit unserem Chef zusammen und sprechen darüber wie der letzte Tag war und was uns heute erwartet. Wir sprechen an, was unsere Arbeit gestern erschwert hat und wie wir das abstellen können. Manchmal müssen wir auch improvisieren und die Arbeit neu aufteilen, wenn zum Beispiel ein Kollege krank wird. Wir geben uns gegenseitig ehrliches Feedback – positives wie negatives. Auch unser Chef gibt uns täglich Feedback".

Nun zu Ihnen: Welche Ziele und welches Feedback zu Ihrer Arbeit erhalten Sie von Ihrer Firma/Ihrem Chef?

Ihre Antwort:

Frage 3: Welche Möglichkeiten bietet mir mein Job, mich weiterzuentwickeln?

Antwort des Physiotherapeuten: „Wir haben alte und junge Patienten. Dadurch ist die Arbeit sehr vielseitig und ich lerne täglich dazu. Manchmal muss ich auch Therapien anwenden, die ich nach meiner Ausbildung sehr selten genutzt habe. Dann frage ich die Kollegen vorher schon mal um Praxistipps. Durch die Vielseitigkeit meiner Arbeit werde ich jeden Tag besser. Mein Chef hat mir sogar in Aussicht gestellt, dass er mir eine Fortbildung in Cranio-Sacral-Therapie bezuschusst. Ich freue mich schon sehr darauf."

Welche Möglichkeiten der Weiterentwicklung bietet Ihnen Ihr Job?

Ihre Antwort:

Frage 4: Ist meine Arbeit wichtig für meine Firma?

Antwort des Physiotherapeuten: „Wir sind ein Team von 15 Therapeuten. Unsere Praxis hat auch überregional einen guten Ruf. Die Kunden wissen, dass sie bei uns Qualität erhalten. Ich stehe mit meiner Arbeit für diesen Qualitätsanspruch. Wenn ich schlechte Arbeit leisten würde, dann hätte das unmittelbaren Einfluss auf den Ruf unserer Praxis, denn so etwas spricht sich schnell herum. Mein Chef weiß, was er an mir hat und weiß, dass ich qualitativ hochwertige Arbeit leiste. Dafür hat er mich eingestellt und zahlt mir auch etwas mehr als in Praxen, in denen es um ‚Massenabfertigung' geht."

Ist Ihre Arbeit wichtig für Ihre Firma?

Ihre Antwort:

Frage 5: Wie verstehe ich mich privat mit meinen Kollegen und Vorgesetzten?

Antwort des Physiotherapeuten: „Manchmal gehen wir nach der Arbeit noch kurz etwas trinken. Wer Lust hat, kommt mit. Ist aber kein Zwang. Auch unser Chef ist manchmal dabei. Zu Geburtstagen organisieren die Kollegen immer etwas Nettes und unser Chef reimt für jeden einen Limerick. Das ist immer sehr lustig. Mit zwei meiner Kollegen gehe ich abends laufen. Und als Susanne letztes Wochenende umgezogen ist, haben wir alle mit-angepackt.“

Wie verstehen Sie sich privat mit Ihren Kollegen und Vorgesetzten?

Ihre Antwort:

Sie haben alle Fragen beantwortet? Herzlichen Glückwunsch!

Ich bin stolz auf Sie. Aus eigener Erfahrung weiß ich, dass man am Anfang Hemmungen hat, die Antworten aufzuschreiben. Sehen Sie sich Ihre Antworten daher nochmals an und ergänzen Sie diese um weitere Aspekte.

Fertig? Nun haben Sie sich einen Spaziergang verdient, bevor wir uns ansehen, was hinter den Fragen steckt.

Was einen guten Job ausmacht

H atten Sie einen schönen Spaziergang? Dann lassen Sie uns mit den 5 Kriterien fortfahren, die für eine hohe Jobzufriedenheit wichtig sind.

Sinnstiftende Arbeit

Frage 1 bezieht sich auf den Sinn Ihrer Arbeit. Die meisten Menschen werden irgendwann unzufrieden, wenn ihre Arbeit für sie persönlich keinen Sinn stiftet. Stellen Sie sich vor, Sie sind Maler und streichen eine Wand weiß. Sie wissen, dass morgen Ihr Kollege die gleiche Wand schwarz streichen wird. Übermorgen werden Sie genau diese Wand wieder weiß streichen. Und so geht das immer weiter. Irgendwann kapituliert fast jeder Mensch bei derart sinnlosen Tätigkeiten.

Natürlich kann es vorkommen, dass Sie im Tagesgeschäft hin und wieder aus Ihrer Sicht sinnlose Tätigkeiten ausüben müssen, wenn Ihr Chef Ihnen zum Beispiel eine Aufgabe überträgt und sagt: „Ich will das so. Keine Diskussion". Das ist hier nicht gemeint. Hier geht es um das große Ganze, also um die generelle Sinnfrage Ihrer Arbeit. Daher die Frage: „Wofür werden Sie bezahlt?".

Stellen Sie sich selbst diese Frage in regelmäßigen Abständen. Solange Sie bei Ihrer eigenen Antwort ein positives Bauchgefühl haben, ist alles in Ordnung. Sobald dies nicht mehr der Fall ist, sollten Sie versuchen, dies zunächst in Ihrer jetzigen Position zu ändern, indem Sie mit Ihren Vorgesetzen sprechen. Sollte eine Änderung nicht möglich sein, ist dies ein starkes Indiz für einen Jobwechsel.

Klare Ziele und Anerkennung

Bei Frage 2 geht es um die generellen Erwartungen, die Ihr Unternehmen an Sie hat. Es geht nicht darum, welche abstrakten Ziele Sie vielleicht in Ihrer Zielvereinbarung stehen haben, sondern darum, was täglich von Ihnen erwartet wird und woran Sie erkennen, dass Sie im Tagesgeschäft einen guten Job machen. Wichtig ist in diesem Zusammenhang auch die Anerkennung von Kollegen und Vorgesetzten. Ein Lob beflügelt. Dies kann schon ein einfaches „Hast Du gut gemacht" oder ein „Danke für den Tipp" sein.

Dass positive Anerkennung beflügelt, ist einleuchtend. Studien haben gezeigt, dass sogar extrem negative Kritik positive Effekte haben kann, da auch ein negativer Kommentar sich mit Ihrer Arbeit auseinandersetzt.

Richtig schlimm kann es werden, wenn sich niemand für das interessiert, was Sie arbeiten und Sie weder positives noch negatives Feedback erhalten. Damit kommt auf Dauer fast niemand klar.

Hand aufs Herz: Wann haben Sie das letzte Mal ein Lob erhalten? Wann haben Sie das letzte Mal einen Kollegen oder den Chef gelobt? Fangen Sie am besten sofort damit an.

Persönliche Weiterentwicklung

Die kontinuierliche Weiterentwicklung hat uns die Natur in die Wiege gelegt. Darum geht es bei Frage 3. Denken Sie an Ihre eigene Kindheit oder an Kinder in Ihrem Umfeld.

Kinder entwickeln sich aus eigenem Antrieb immer weiter. Dies ist auch im Erwachsenenalter noch so. Es geht hier nicht darum, unbedingt eine „Wahnsinnskarriere" machen zu müssen, sondern darum, dass wir auch im Beruf nach persönlicher Weiterentwicklung streben. Dies kann zum Beispiel sein, dass Sie eine berufliche Fertigkeit perfektionieren oder dass Sie Ihr Arbeitsgebiet erweitern oder nachdem Sie dieses beherrschen, in ein anderes Arbeitsgebiet wechseln und dort neue Dinge erlernen.

Überlegen Sie genau: Welche Möglichkeiten der persönlichen Weiterentwicklung bietet Ihnen Ihre jetzige Tätigkeit?

Identifikation mit dem Unternehmenszweck

Bei Frage 4 geht es um Ihren Beitrag zum Unternehmenserfolg. Dies setzt voraus, dass Sie sich grundsätzlich mit dem Unternehmenszweck Ihres Arbeitgebers identifizieren. Stellen Sie sich vor, Sie sind gegen Tierversuche und arbeiten in einem Forschungslabor der Kosmetikindustrie. Oder Sie lehnen jegliche Gewalt ab und arbeiten bei einem Waffenhersteller. Schwierig, oder?

Sofern Sie nicht eine gewisse Grundidentifikation mit dem Unternehmenszweck Ihres Arbeitgebers haben, werden Sie langfristig nicht zufrieden sein. Das heißt nicht, dass Sie alles gut finden müssen, was Ihr Arbeitgeber macht.

Es geht hier darum, dass Sie sich grundsätzlich mit dem Unternehmenszweck Ihres Arbeitgebers identifizieren können. Nur dann können Sie Ihren persönlichen Beitrag zum Unternehmen als wichtig empfinden.

Persönliche Beziehungen

Soziale Beziehungen geben Halt im Leben. Nicht nur im Privatleben, sondern auch im beruflichen Kontext. Darum geht es in Frage 5. Studien haben gezeigt, dass sich Freundschaften am Arbeitsplatz sehr positiv auf die Arbeitszufriedenheit auswirken.

Sie müssen nicht mit der ganzen Firma befreundet sein. Es genügen einzelne soziale Beziehungen, um Ihre Arbeitszufriedenheit signifikant zu steigern. Das kann der Kollege aus der Nachbarabteilung sein, mit dem Sie sich immer in der Kantine treffen oder die Assistentin der Geschäftsführung, die genauso gern Yoga mag wie Sie.

Persönliche Beziehungen am Arbeitsplatz fördern den Austausch untereinander und steigern damit signifikant Ihre Arbeitszufriedenheit.

4 Wann Sie einen Jobwechsel in Erwägung ziehen sollten

Soweit zur Theorie. Wenden wir uns nun wieder der Praxis zu: Lassen Sie uns gemeinsam Michael Werners Situation aus Kapitel 1 anhand der in Kapitel 3 vorgestellten 5 Kriterien analysieren. Inwieweit hätte er einen Jobwechsel von Hamburg in die Schweiz in Erwägung ziehen sollen? Wir wissen, dass er in die Schweiz gewechselt ist. Nehmen wir aber mal an, Michael Werner hätte die nachfolgende Bewertung vor seinem Wechsel in die Schweiz durchgeführt.

Die Ausgangssituation:

Michael Werner ist Brand Manager in Hamburg und hat ein Jobangebot für eine Marketingleiter-Position in der Schweiz erhalten.

Da er sich in seiner Entscheidung unsicher ist, füllt er das nachfolgende Bewertungsschema aus. Er startet mit seiner aktuellen Position und beginnt mit dem Ausfüllen des Bewertungsschemas. In die Spalte „Aktuelle Position" trägt er „Brand Manager" ein. Anschließend bewertet er die 5 Kriterien auf der Skala von 1 bis 10 und bildet die Summe seiner Bewertungen:

Bewertungsschema „Jobangebot"

Bitte bewerten Sie anhand einer Skala von 1 bis 10, inwieweit die nachfolgenden Kriterien für Sie persönlich erfüllt sind:

„1" bedeutet: „überhaupt nicht erfüllt"
„10" bedeutet: „vollumfänglich erfüllt"

Tragen Sie jeweils die Zahl ein, die Ihnen spontan durch den Kopf geht. Überlegen Sie nicht zu lang.

	Aktuelle Position	Vorliegendes Jobangebot
Bitte Jobtitel rechts eintragen	Brand Manager	
Sinnstiftende Arbeit	8	
Klare Ziele/ Anerkennung	9	
Weiterentwicklung	4	
Identifikation Unternehmen	8	
Persönliche Beziehungen	10	
Summe	39	

Michael Werner kommt in seiner Bewertung in der Summe auf 39 für seine aktuelle Position.

Dies ist seine rein subjektiv gefühlte Bewertung. Er hätte genauso gut auch auf 41 oder 37 kommen können. Mit gleicher Subjektivität geht Michael Werner an die Bewertung seines Jobangebots in der Schweiz und füllt die entsprechende Spalte komplett aus.

Danach zeigt sich folgendes Gesamtbild:

Bewertungsschema „Jobangebot"

Bitte bewerten Sie anhand einer Skala von 1 bis 10, inwieweit die nachfolgenden Kriterien für Sie persönlich erfüllt sind:

„1" bedeutet: „überhaupt nicht erfüllt"
„10" bedeutet: „vollumfänglich erfüllt"

Tragen Sie jeweils die Zahl ein, die Ihnen spontan durch den Kopf geht. Überlegen Sie nicht zu lang.

	Aktuelle Position	**Vorliegendes Jobangebot**
Bitte Jobtitel rechts eintragen	Brand Manager	Marketing-Leiter
Sinnstiftende Arbeit	8	9
Klare Ziele/ Anerkennung	9	8
Weiterent-wicklung	4	10
Identifikation Unternehmen	8	8
Persönliche Beziehungen	10	1
Summe	39	36

Michael Werner ist überrascht. Sein Jobangebot in der Schweiz schneidet in der Gesamtbewertung schlechter ab als seine aktuelle Position in Hamburg. Woran liegt das?

Dies liegt an den nicht vorhandenen persönlichen Beziehungen bei seinem zukünftigen Schweizer Arbeitgeber. In Hamburg hat Michael Werner beste Beziehungen sowohl zu seinem Chef als auch zu den Kollegen. In der Schweiz dagegen kennt er aktuell niemanden. Und obwohl er die Weiterentwicklungsperspektive in der Schweiz mit 10 bewertet hat und in Hamburg nur mit 4, schneidet das Jobangebot in der Schweiz schlechter ab als die aktuelle Position in Hamburg.

Die Bewertung ist natürlich sehr subjektiv. Wir können aber festhalten, dass es kein gutes Signal ist, wenn die Gesamtbewertung eines Jobangebots schlechter ist als die Bewertung der aktuellen Position.

Nach detaillierter Analyse der zugrundeliegenden Faktoren, sollte man bei derartiger Ausgangslage auf einen Jobwechsel verzichten.

Dies hätte Michael Werner eine Odyssee erspart. Die Bewertung hätte ihm auch die Augen dahingehend geöffnet, dass er es in Hamburg ziemlich gut getroffen hatte und dass für ihn ein Aufstieg zum Marketingleiter selbst bei einer Gehaltsverdoppelung keinen ausreichenden Grund zu einem Wechsel auf eine ungewisse neue Position dargestellt hätte.

Die Vorteile von persönlichen Beziehungen bei einem Jobwechsel

Warum sind persönliche Beziehungen so wichtig bei einem Jobwechsel? Nehmen wir an, Michael Werner hätte einen alten Studienfreund, der bei dem Schweizer Familienbetrieb seit zwei Jahren im Controlling arbeiten würde.

In seinem Bewertungsschema erhöht Michael Werner dadurch die Bewertung bei „Persönliche Beziehungen" von 1 auf 5. Die Gesamtbewertung steigt damit auf 40 und ist um 1 höher als bei seiner bisherigen Position. Dies spricht damit zumindest indikativ dafür, in die Schweiz zu wechseln.

Warum ist das so? Der Schweizer Freund ist nicht nur Unternehmensinsider, der Michael Werner im Vorfeld mit relevanten Informationen über den Schweizer Familienbetrieb versorgen könnte, sondern auch eine erste wichtige persönliche Anlaufstelle für alle auftretenden Fragen nach dem Wechsel in Schweiz.

Der Schweizer Freund hätte vielleicht von den Rückkehrplänen Alina Gerbers in das Familienunternehmen gewusst und entsprechend gewarnt; oder mit Michael Gerber Szenarien entwickelt, damit es nicht derart eskaliert, wie es passiert ist. Auch wäre ein Freund im Unternehmen gut für den Einstieg von Cecilia und Michael Werner in das Schweizer Leben gewesen und ein erster sozialer Kontakt, der wiederum andere soziale Kontakte hat.

Sie sehen, dass persönliche Beziehungen bei einem Jobwechsel die Unsicherheiten reduzieren und den Jobeinstieg erleichtern können. Der neue Arbeitgeber ist aufgrund der persönlichen Beziehungen keine „Black Box" mehr.

Auch für das Unternehmen sind Sie als Mitarbeiter keine „Black Box" mehr. Es hat entscheidende Vorteile, wenn ein neuer Mitarbeiter über eine Empfehlung kommt. Es herrscht von Anfang an eine andere Vertrauensbeziehung, da der bisherige Mitarbeiter gewissermaßen dem neuen Mitarbeiter ein „Qualitätssiegel" mit auf den Weg gibt und dessen Integration begleiten wird.

Festzuhalten bleibt:

Ein Jobwechsel unter vorhandenen persönlichen Beziehungen beim neuen Arbeitgeber ist signifikant erfolgversprechender als ein Jobwechsel ohne diese persönlichen Beziehungen. Wenn Sie also auf Jobsuche sind und Ihr Tennisfreund erzählt, dass man gerade jemanden wie Sie bei seinem Arbeitgeber sucht, dann sollten Sie dies ernsthaft in Betracht ziehen und in den Bewerbungsprozess einsteigen.

Entscheidungshilfen für Ihren Jobwechsel

Am Beispiel von Michael Werner haben Sie gesehen, wie das Bewertungsschema für neue Jobangebote funktioniert. Als nächste Übung machen wir das gleiche mit Ihnen – wir vergleichen Ihre aktuelle Position mit potenziellen Jobangeboten.

Das gleiche funktioniert übrigens auch mit Positionen, auf die Sie sich bewerben möchten. So können Sie bereits vor einer Bewerbung Erkenntnisse darüber gewinnen, ob sich eine Bewerbung überhaupt lohnt.

Wichtig ist: Das Bewertungsschema ist als Hilfsinstrument gedacht, das Sie in Ihrem Entscheidungsprozess unterstützt. Es soll Ihnen als Diskussionsgrundlage für Ihre Entscheidung dienen. Nutzen Sie das Schema, um das Ergebnis zusammen mit Freunden zu diskutieren. Treffen Sie erst danach nach reiflicher Überlegung eine finale Entscheidung.

Schreiten wir nun zur Tat: Tragen Sie zunächst den Jobtitel Ihrer aktuellen Position in das Bewertungsschema ein und bewerten Sie diese Position. Tragen Sie anschließend den Jobtitel eines konkreten Jobangebots oder eine Position, auf die sie sich bewerben möchten, in das Schema ein. Bewerten Sie danach auch diese Position.

Los geht's:

Bewertungsschema „Jobangebot"

Bitte bewerten Sie anhand einer Skala von 1 bis 10, inwieweit die nachfolgenden Kriterien für Sie persönlich erfüllt sind:

„1" bedeutet: „überhaupt nicht erfüllt"

„10" bedeutet: „vollumfänglich erfüllt"

Tragen Sie jeweils die Zahl ein, die Ihnen spontan durch den Kopf geht. Überlegen Sie nicht zu lang.

	Aktuelle Position	Vorliegendes Jobangebot
Bitte Jobtitel rechts eintragen		
Sinnstiftende Arbeit		
Klare Ziele/ Anerkennung		
Weiterentwicklung		
Identifikation Unternehmen		
Persönliche Beziehungen		
Summe		

Glückwunsch! Sie haben Ihre erste Bewertung fertiggestellt.

Was fällt Ihnen auf? Spielen Sie ein wenig mit den Zahlen. Kommen Sie dann zu anderen Ergebnissen?

Notieren Sie Ihre ersten Erkenntnisse hier:

Machen Sie nun eine Pause und diskutieren Sie die Ergebnisse im Freundeskreis.

Sie sind zurück?

Welche Erkenntnisse hatten Sie insgesamt? Notieren Sie die wichtigsten Erkenntnisse hier:

Gut gemacht. Auf den nächsten Seiten finden Sie weitere Bewertungsschemata, die Sie für andere Jobangebote nutzen können. Ich wünsche Ihnen erkenntnisreiche Bewertungen.

Bewertungsschema „Jobangebot"

Bitte bewerten Sie anhand einer Skala von 1 bis 10, inwieweit die nachfolgenden Kriterien für Sie persönlich erfüllt sind:

„1" bedeutet: „überhaupt nicht erfüllt"

„10" bedeutet: „vollumfänglich erfüllt"

Tragen Sie jeweils die Zahl ein, die Ihnen spontan durch den Kopf geht. Überlegen Sie nicht zu lang.

	Aktuelle Position	**Vorliegendes Jobangebot**
Bitte Jobtitel rechts eintragen		
Sinnstiftende Arbeit		
Klare Ziele/ Anerkennung		
Weiterentwicklung		
Identifikation Unternehmen		
Persönliche Beziehungen		
Summe		

Bewertungsschema „Jobangebot"

Bitte bewerten Sie anhand einer Skala von 1 bis 10, inwieweit die nachfolgenden Kriterien für Sie persönlich erfüllt sind:

„1" bedeutet: „überhaupt nicht erfüllt"

„10" bedeutet: „vollumfänglich erfüllt"

Tragen Sie jeweils die Zahl ein, die Ihnen spontan durch den Kopf geht. Überlegen Sie nicht zu lang.

	Aktuelle Position	**Vorliegendes Jobangebot**
Bitte Jobtitel rechts eintragen		
Sinnstiftende Arbeit		
Klare Ziele/ Anerkennung		
Weiterentwicklung		
Identifikation Unternehmen		
Persönliche Beziehungen		
Summe		

Bewertungsschema „Jobangebot"

Bitte bewerten Sie anhand einer Skala von 1 bis 10, inwieweit die nachfolgenden Kriterien für Sie persönlich erfüllt sind:

„1" bedeutet: „überhaupt nicht erfüllt"

„10" bedeutet: „vollumfänglich erfüllt"

Tragen Sie jeweils die Zahl ein, die Ihnen spontan durch den Kopf geht. Überlegen Sie nicht zu lang.

	Aktuelle Position	Vorliegendes Jobangebot
Bitte Jobtitel rechts eintragen		
Sinnstiftende Arbeit		
Klare Ziele/ Anerkennung		
Weiterentwicklung		
Identifikation Unternehmen		
Persönliche Beziehungen		
Summe		

Bewertungsschema „Jobangebot"

Bitte bewerten Sie anhand einer Skala von 1 bis 10, inwieweit die nachfolgenden Kriterien für Sie persönlich erfüllt sind:

„1" bedeutet: „überhaupt nicht erfüllt"

„10" bedeutet: „vollumfänglich erfüllt"

Tragen Sie jeweils die Zahl ein, die Ihnen spontan durch den Kopf geht. Überlegen Sie nicht zu lang.

	Aktuelle Position	**Vorliegendes Jobangebot**
Bitte Jobtitel rechts eintragen		
Sinnstiftende Arbeit		
Klare Ziele/ Anerkennung		
Weiterentwick-lung		
Identifikation Unternehmen		
Persönliche Beziehungen		
Summe		

Bewertungsschema „Jobangebot"

Bitte bewerten Sie anhand einer Skala von 1 bis 10, inwieweit die nachfolgenden Kriterien für Sie persönlich erfüllt sind:

„1" bedeutet: „überhaupt nicht erfüllt"

„10" bedeutet: „vollumfänglich erfüllt"

Tragen Sie jeweils die Zahl ein, die Ihnen spontan durch den Kopf geht. Überlegen Sie nicht zu lang.

	Aktuelle Position	Vorliegendes Jobangebot
Bitte Jobtitel rechts eintragen		
Sinnstiftende Arbeit		
Klare Ziele/ Anerkennung		
Weiterentwicklung		
Identifikation Unternehmen		
Persönliche Beziehungen		
Summe		

In der Ruhe liegt die Kraft

Sie haben gerade Kriterien kennengelernt, die Ihnen bei der Bewertung von Jobangeboten und Bewerbungsoptionen aus einer gesicherten Position heraus helfen.

Doch was ist zu tun, wenn Sie kurz vor einer Kündigung stehen, wegen arbeitsbedingtem Dauerfrust kündigen wollen oder Sie bereits arbeitslos sind?

Im Prinzip tun Sie dasselbe: Sie vergleichen potenzielle Optionen mit Ihrer letzten beruflichen Station anhand unseres Bewertungsschemas. Selbst bei Arbeitslosigkeit sollten Sie Ruhe bewahren und „Schnellschüsse" vermeiden. „Aber Herr Knoche, ich bin seit zwei Monaten arbeitslos. Ich brauche jetzt dringend irgendeinen Job."

Ziel sollte auch bei aktueller oder bevorstehender Arbeitslosigkeit sein, einen Job zu finden, der Sie zufriedener macht als die letzte Position. Sie wollen nicht „vom Regen in die Traufe" kommen. Ich kann Ihnen von einer Vielzahl von Kandidaten berichten, die „in Panik" irgendeine Position angenommen haben, obwohl sie nicht von dieser Position überzeugt waren. Was danach beginnt, ist häufig eine Jobhopping-Spirale, bei der man sich von Job zu Job hangelt und nie zufrieden wird. Die Verweildauer in den Jobs wird von Mal zu Mal kürzer und endet nicht selten im totalen Burnout.

Die Gesellschaft suggeriert uns, dass wir nicht arbeitslos sein dürfen – unter anderem wegen des sogenannten Fachkräftemangels. Dass dies Bullshit ist, habe ich in Kapitel 2 skizziert. Auch halten sich Mythen, dass man nach einigen Monaten der Arbeitslosigkeit keinen neuen Job mehr bekommt. Auch das ist Bullshit. Was also tun?

Bewahren Sie Ruhe und besinnen Sie sich auf Ihre Stärken. Darauf aufbauend entwickeln Sie eine authentische Bewerbungsstrategie. Damit werden sind in der Regel über kurz oder lang zu Ihrem Traumjob kommen. Und nochmal: Kein Arbeitgeber stört sich an ein paar Monaten Arbeitslosigkeit, wenn sein „perfect Match" vor ihm steht.

Die Umsetzung einer authentischen Bewerbungsstrategie macht man nicht nebenbei, sondern sie gleicht einem Fulltime-Job. Aber keine Angst. Sie schaffen das.

Bevor wir später Ihre individuelle Bewerbungsstrategie erarbeiten, widmen wir uns im nächsten Kapitel Ihnen ganz persönlich und konzentrieren uns auf Ihre Stärken, Begabungen und auf das, was Sie wirklich wollen. Sind Sie bereit?

5 Jobs, die zu Ihnen passen

Bisher sind Sie als Controller in der Stahlbranche tätig, aber in Ihrer Freizeit spielen Sie leidenschaftlich gern Violine? Sie ahnen vermutlich auf was ich hinaus will: Sie können Ihre privaten Leidenschaften nutzen, um auch beruflich eine höhere Zufriedenheit zu erreichen. Oft limitieren wir uns selbst, indem wir einen einmal eingeschlagenen Pfad folgen und durch unsere imaginären Scheuklappen gute Optionen am Wegesrand gar nicht erkennen.

Was spricht in diesem Fall dagegen, sich zum Beispiel als kaufmännischer Leiter eines klassischen Musikverlages zu bewerben? Richtig. Nichts. Wenn Sie in Ihrem Bewerbungsanschreiben authentisch darstellen, dass Sie die Stahlbranche verlassen und nun Controllingkompetenz und Musikleidenschaft miteinander verbinden möchten, dann haben Sie bei Ihrer Bewerbung gute Chancen. Auch Arbeitgeber haben mittlerweile gemerkt, dass Mitarbeiter, die ihren Leidenschaften folgen, nicht nur zufriedener, sondern auch produktiver und loyaler sind.

Nun kommen wir zu Ihnen und Ihren Leidenschaften:

Meine Leidenschaften

Machen Sie bitte jetzt Folgendes: Versetzen Sie sich jetzt in Ihre Kindheit. Was hat Ihnen als Kind besonders viel Spaß gemacht? Worin waren Sie besonders gut? Wofür haben andere Kinder Sie beneidet?

Notieren Sie hier bitte mindestens 10 Dinge, die Ihnen jetzt durch den Kopf gehen:

Haben Sie mindestens 10 Dinge notiert? Blättern Sie bitte erst dann um, wenn Sie 10 Dinge aufgeschrieben haben.

Als Nächstes sehen wir in Ihre Zukunft: Stellen Sie sich vor, Sie und ich kennen uns persönlich. Wir haben uns aber lange nicht gesehen. Nach 10 Jahren treffen wir uns zufällig irgendwo am Flughafen. Sie erzählen mir, dass es Ihnen „bestens" geht.

Was könnte in Ihrem privaten und beruflichen Leben seit unserer letzten Zusammenkunft passiert sein, dass es Ihnen jetzt so gut geht? Was wären die Schlüsselelemente dafür?

Notieren Sie bitte jetzt mindestens 7 Schlüsselelemente, die Sie im Privaten und/oder im Beruflichen glücklich machen:

7 Schlüsselelemente notiert? Dann blättern Sie bitte um.

Lessons learned aus meinen früheren Jobs

Nun kommen wir wieder zurück in die Gegenwart und betrachten Ihren aktuellen Job. Falls Sie aktuell keinen Job haben, denken Sie bitte an Ihren letzten Job.

Beantworten Sie bitte die nachfolgenden Fragen:

Was mir bei meinem **aktuellen Job** gut gefällt:

Was mir bei meinem **aktuellen Job** nicht gefällt:

Meine beste Erinnerung an den **aktuellen Job**:

Ich gebe meinem **aktuellen Job** die Schulnote:

Gut gemacht.

Als Nächstes sehen wir uns auch Ihre vergangenen Jobs an. Mit „Jobs" meine ich in diesem Fall nicht nur Festanstellungen, sondern auch Projekte, Semesterjobs, Ferienjobs als Schüler, Nebenjobs usw. An je mehr Jobs Sie sich erinnern, desto besser. Sie sollten auf mindestens 6 Jobs kommen. Wenn es mehr sind, dann ist es umso besser.

Für jeden Job beantworten Sie bitte nachfolgende Fragen:

Ehemaliger Job 1/Firma:

Zeitraum:

Was mir bei diesem Job gut gefallen hat:

Was mir bei diesem Job nicht gefallen hat:

Meine beste Erinnerung an diesen Job:

Diesem Job gebe ich die Schulnote:

Ehemaliger Job 2/Firma:

Zeitraum:

Was mir bei diesem Job gut gefallen hat:

Was mir bei diesem Job nicht gefallen hat:

Meine beste Erinnerung an diesen Job:

Diesem Job gebe ich die Schulnote:

Ehemaliger Job 3/Firma:

Zeitraum:

Was mir bei diesem Job gut gefallen hat:

Was mir bei diesem Job nicht gefallen hat:

Meine beste Erinnerung an diesen Job:

Diesem Job gebe ich die Schulnote:

Ehemaliger Job 4/Firma:

Zeitraum:

Was mir bei diesem Job gut gefallen hat:

Was mir bei diesem Job nicht gefallen hat:

Meine beste Erinnerung an diesen Job:

Diesem Job gebe ich die Schulnote:

Ehemaliger Job 5/Firma:

Zeitraum:

Was mir bei diesem Job gut gefallen hat:

Was mir bei diesem Job nicht gefallen hat:

Meine beste Erinnerung an diesen Job:

Diesem Job gebe ich die Schulnote:

Ehemaliger Job 6/Firma:

Zeitraum:

Was mir bei diesem Job gut gefallen hat:

Was mir bei diesem Job nicht gefallen hat:

Meine beste Erinnerung an diesen Job:

Diesem Job gebe ich die Schulnote:

Geschafft. Sie haben nun für Ihren aktuellen Job und mindestens 6 vorherige Jobs positive und negative Eigenschaften/Erlebnisse notiert. Nun gehen wir in die Analysephase:

Was fällt Ihnen auf?

Nehmen Sie sich bitte zwei DIN-A4-Blätter Papier zur Hand. Das erste beschriften Sie mit „POSITIV", das zweite mit „NEGATIV". Gibt es positive oder negative Eigenschaften/Erlebnisse, die Sie bei mehreren Jobs hatten? Übertragen Sie nun bitte die mehrfach auftauchenden positiven und negativen Eigenschaften/Erlebnisse auf die beiden Blätter.

Als Nächstes sehen wir uns die 3 Jobs mit den besten Schulnoten an. Übertragen Sie deren **positive** Aspekte komplett auf das „POSITIV"-Blatt.

Weiter geht es mit den 3 Jobs mit den schlechtesten Schulnoten. Übertragen Sie deren **negativen** Aspekte komplett auf das „NEGATIV"-Blatt.

Auf beiden Blättern sollten jetzt ca. 10 Begriffe stehen. Sie haben sich jetzt eine Pause verdient. Nutzen Sie diese Pause und diskutieren Sie die bisher gewonnenen Erkenntnisse auf Basis der beiden Blätter mit Ihrer Familie und Ihren Freunden und schlafen Sie mindestens eine Nacht darüber. Danach lesen Sie bitte weiter.

Meine Job-Positivliste

Willkommen zurück. Nehmen Sie nun bitte Ihr „POSITIV"-Blatt zur Hand und übertragen Sie nachfolgend die für Sie wichtigsten 5 Begriffe als Positivliste:

1.

2.

3.

4.

5.

Diese 5 Begriffe sind die Eigenschaften, die Ihr nächster Job auf **jeden Fall** aufweisen sollte. Prägen Sie sich diese Begriffe gut ein.

Meine Job-Negativliste

Sie ahnen was nun kommt: Nehmen Sie jetzt bitte Ihr „NEGATIV"-Blatt zur Hand und übertragen Sie nachfolgend die für Sie prägendsten 5 Negativbegriffe als Negativliste:

1.

2.

3.

4.

5.

Diese 5 Begriffe sind die Eigenschaften, die Ihr nächster Job auf keinen Fall aufweisen sollte. Prägen Sie sich auch diese Begriffe gut ein.

Meine Glücksmomente

Ganz schön anstrengend eine Negativliste aufzustellen, nicht wahr? Deshalb kümmern wir uns als Nächstes um Ihre Glücksmomente.

Nehmen Sie bitte ein neues DIN-A4-Blatt zur Hand und beschriften Sie es mit „MEINE GLÜCKS-MOMENTE". Übertragen Sie dann bitte die Schlüsselelemente von Seite 66 auf Ihr Blatt.

Sehen Sie sich jetzt bitte an, was Sie bei Ihren 7 Jobs auf den Seiten 67 bis 74 jeweils unter „Meine beste Erinnerung an diesen Job" geschrieben haben und übertragen Sie dies stichwortartig auf Ihr Blatt.

Markieren Sie nun alle Begriffe, die **mehrfach** auf Ihrem Blatt stehen. Anschließend suchen Sie bitte aus den Begriffen, die nur einziges Mal auf Ihrem Blatt stehen, diejenigen aus, die Ihnen am wichtigsten sind und markieren Sie auch diese. Insgesamt sollten Sie auf 7 Begriffe kommen. Dies sind Ihre 7 Glücksmomente.

Dies ist auch eine gute Übung, die Sie mit Familie und Freunden absolvieren können. Diskutieren Sie Ihre Glücksmomente mit Familie und Freunden, um mehr Klarheit über Ihre Top 7 zu bekommen.

Sie haben sich für 7 Begriffe entschieden?

Tragen Sie Ihre Top 7 der Glücksmomente nun hier ein:

Meine Top-Glücksmomente

1.

2.

3.

4.

5.

6.

7.

Meine Fähigkeiten

Ist es nicht schön, sich mit Glücksmomenten zu beschäftigen? Mit positiver Energie gehen wir das nächste Thema an: Ihre Fähigkeiten.

Hier geht es um zwei Dimensionen. Einerseits geht es darum, sich Ihrer eigenen Fähigkeiten bewusst zu werden. Andererseits sollten Sie Ihre Fähigkeiten auch nach außen kommunizieren, damit Sie für potenzielle Arbeitgeber interessant werden. Wir nähern uns diesem Thema daher über Ihre Außendarstellung:

Meine XING- und LinkedIn-Profile

Es gibt eine Vielzahl von beruflichen Online-Plattformen. Neben allgemeinen Plattformen wie XING und LinkedIn gibt es eine unüberschaubare Anzahl von Karriereplattformen. Diese Karriereplattformen funktionieren nur begrenzt. Dies liegt nicht an den teilweise hohen Gebühren oder Mitgliedsbeiträgen, die diese Plattformen verlangen, sondern an deren Datenqualität. Stellen Sie sich vor, als Controller in der Stahlindustrie registrieren Sie sich auf der fiktiven Karriereplattform „stahljobs.de". Aktuell sind Sie auf der Suche nach einer neuen Position, sodass Ihr Profil auf stahljobs.de gut gepflegt sein wird. Nehmen wir an, dass ich als Personalberater genau jemanden wie Sie suche. Wenn wir beide Glück haben, dann kommen wir über stahljobs.de zusammen, da ich zufällig mal von dieser Karriereplattform gehört habe und ich über andere Kanäle keine passenden Kandidaten gefunden habe. Allein schon, dass ich Sie überhaupt über stahljobs.de finde, hängt von vielen Zufällen ab.

Gehen wir weiter in unserem Beispiel: Sie haben einen neuen Job gefunden. Ihr Profil bei stahljobs.de haben Sie inzwischen vergessen. Ihr dortiger Status steht allerdings weiterhin auf „suchend". Drei Jahre später identifiziere ich Sie über stahljobs.de. Ich kontaktiere Sie (zum Glück haben Sie noch die gleiche E-Mail-Adresse wie vor drei Jahren) und frage, ob Sie Interesse an einer neuen Herausforderung haben. Sie antworten mir, dass Sie erst kürzlich gewechselt haben, und aktuell nicht zur Verfügung stehen. Sie sind genervt von meiner Anfrage. Ich bin genervt, dass Ihre Daten nicht aktuell sind. Und genau das ist das Problem der unzähligen Karriereplattformen: Es handelt sich um große Datenfriedhöfe, die von Personalberatern in der Regel nicht genutzt werden.

Die beiden einzigen beruflichen Plattformen, die aus meiner Erfahrung funktionieren und die sowohl von Unternehmen im Rahmen von „Active Sourcing" als auch von Personalberatern genutzt werden, sind XING und LinkedIn. Was bedeutet das für Sie?

Sie sollten sowohl auf XING als auch auf LinkedIn ein Profil einrichten (sofern noch nicht geschehen) und auf beiden Plattformen Ihre Profile stets aktuell halten. Beide Plattformen können Sie in der Basisversion kostenlos nutzen. Bei LinkedIn reicht aus meiner Sicht die kostenlose Version völlig aus, bei XING hat die Premium-Mitgliedschaft die Vorteile, dass Sie sehen können, wer auf Ihr Profil geklickt hat und woher der Besucher kommt. Außerdem können Sie die Besucher bei einer Premium-Mitgliedschaft direkt kontaktieren.

Eine XING-Job-Mitgliedschaft brauchen Sie aus aktueller Sicht (Stand: September 2017) **nicht** abzuschließen. Hier wird Ihnen suggeriert, dass Sie bei Abschluss einer Job-Mitgliedschaft „noch besser" gefunden werden. Dieses Geld können Sie sich sparen, wenn Sie Ihr Profil vollständig und qualitativ gut ausgefüllt haben. Unternehmen und Personalberater werden Sie dann auch ohne Job-Mitgliedschaft finden.

Anders verhält es sich bei LinkedIn (Stand: September 2017): Insbesondere wenn Sie sich für Vakanzen bei internationalen Konzernen interessieren, dann kann die LinkedIn-Job-Mitgliedschaft für Sie interessant sein. Der Matching-Algorithmus von LinkedIn-Jobs ist ganz ordentlich und LinkedIn-Jobs ermöglicht auch One-Click-Bewerbungen. Die LinkedIn-Job-Mitgliedschaft können Sie einen Monat lang kostenlos testen. Probieren Sie es gern aus.

Da Sie nie sicher sein können, über welche Keywords Sie von Unternehmen oder Personalberatern gesucht werden, sollten Sie alle relevanten Informationen in Ihre Profile bei XING und LinkedIn eintragen. Was hinsichtlich Ihrer beruflichen Stationen relevant ist, dazu kommen wir später in diesem Buch. Womit wir jetzt starten, sind Ihre Fähigkeiten:

Nachdem Sie bei XING und LinkedIn Profile angelegt haben, beginnen wir jetzt damit, diese zu vervollständigen. Es gibt einige Anleitungen bei Youtube oder in Blogs, wie man „perfekte Profile" gestaltet. Lassen Sie sich zunächst hiervon ein wenig inspirieren.

Gut inspiriert starten wir nun mit Ihrer Ausbildung/Studium. Füllen Sie bitte die entsprechenden Rubriken bei XING und LinkedIn lückenlos aus. Ergänzen Sie Ihre Ausführungen um den Titel Ihrer Abschlussarbeit sowie um Ihre Studienschwerpunkte. Jetzt überlegen Sie bitte, welche Fähigkeiten Sie im Studium erworben haben. Diese Fähigkeiten tragen Sie bitte in die jeweiligen Rubriken bei XING und LinkedIn ein. Zu diesem Zeitpunkt gilt: Je mehr Fähigkeiten Sie eintragen, desto besser. Später werden wir irrelevante Fähigkeiten wieder löschen. Fähigkeiten aus dem Studium könnten zum Beispiel „Analytische Kompetenz", „Moderationsausbildung" sowie studienspezifische Begriffe wie „Controlling" und „Marketing" sein. Tragen Sie bitte alle Begriffe, bei denen Sie eine hohe Kompetenz haben, bei XING und LinkedIn ein.

Praxistipp:

Wenn Ihnen beim Eintragen von Begriffen von XING oder LinkedIn Begriffsvorschläge gemacht werden, so nutzen Sie im Zweifel den Begriff, den Ihnen die jeweilige Plattform vorschlägt.

Hierzu ein Beispiel: Sie möchten „Digitale Transformation" in Ihr Profil eintragen, die Plattform schlägt Ihnen jedoch „Digital Transformation" vor. Dann tragen Sie bitte „Digital Transformation" in Ihr Profil ein. Auch Unternehmen und Personalberatern werden derartige Keyword-Suchhilfen gegeben. Bei der Nutzung der Standardbegriffe der Plattformen erhöht sich die Wahrscheinlichkeit, dass Sie auch tatsächlich gefunden werden.

Diese Suchhilfen existieren nur für Standardbegriffe. Wenn Ihnen die Plattform beispielsweise für „Gaschromatographie" keinen Begriff vorschlägt, Sie darin aber besondere Fähigkeiten haben, dann tragen Sie den Begriff bitte trotzdem in Ihr Profil ein. Auch Unternehmen und Personalberater suchen nach Spezialbegriffen.

Weiter geht es mit „Sprachen". Ergänzen Sie Ihre Profile um die Sprachen, die Sie fließend sprechen. Kann man aus Ihren Sprachen auch Fähigkeiten ableiten? So tragen Sie diese bitte unter „Fähigkeiten" bei Ihren Profilen ein. Wenn Sie zum Beispiel Mandarin in Shanghai studiert haben, wäre „interkulturelle Kompetenz" eine Fähigkeit, die Sie eintragen könnten.

Als Nächstes tragen Sie Ihre Zertifikate/Qualifikationen in Ihre Profile ein. Auch hieraus können Sie Fähigkeiten ableiten: Wenn Sie zum Beispiel eine PMP-Projektmanagement-Zertifizierung absolviert haben, so ergänzen Sie Ihre Fähigkeiten um „Projektmanagement".

Sie haben Artikel für Fachzeitschriften geschrieben? Tragen Sie auch diese in Ihre Profile ein. Auch hieraus können sich Fähigkeiten wie „Journalistische Kenntnisse" oder „Content Management" ableiten, die Sie bitte ebenfalls in Ihre Profile eintragen.

Ich denke Sie haben das Prinzip verstanden? Wie viele Fähigkeiten haben Sie bisher? Ich tippe auf mindestens 20.

Sie haben aber noch mehr Fähigkeiten: Lesen Sie sich noch mal die Begriffe aus Ihrer Kindheit durch, die Sie auf Seite 65 unter „Meine Leidenschaften" finden. Auch darunter sind bestimmt Fähigkeiten, die beruflich eine Relevanz finden könnten. Tragen Sie bitte auch diese relevanten Fähigkeiten bei XING und LinkedIn ein.

Bevor wir eine Pause machen, kommen wir noch zu einer letzten Übung: Blättern Sie zurück zu „Lessons learned aus meinen früheren Jobs" ab Seite 67. Sehen Sie sich bei allen 7 Jobs an, was Sie unter „Meine beste Erinnerung an diesen Job" geschrieben haben. Welche Fähigkeiten stecken dahinter? Tragen Sie alle Fähigkeiten, mit denen Sie Ihre besten Job-Erinnerungen verbinden, bei XING und LinkedIn ein. Dies könnten Begriffe sein wie „Präsentationssicherheit", „Kaltakquisition" oder auch „erfahren in Matrixorganisationen". Nach Abschluss dieser Übung sollten Sie mindestens 35 Fähigkeiten in Ihren Profilen stehen haben.

Gut gemacht! Machen Sie jetzt eine Pause und lassen Sie sich die Fähigkeiten Ihrer Profile nochmal auf sich wirken. Bitten Sie anschließend Familie und Freunde um deren Meinung. Sortieren Sie danach Ihre Fähigkeiten nach Relevanz.

Mein persönliches Job-Cockpit

Sie sind fast am Ziel. Wir haben bisher eine Menge Informationen über Sie gesammelt, die wir nun noch einmal zu Ihrem persönlichen Job-Cockpit verdichten wollen. Dies ist vergleichbar mit dem Cockpit eines Piloten, der alle Instrumente während des Fluges im Blick hat. Da Sie vermutlich kein Pilot sind, begnügen wir uns mit einem DIN-A4-Blatt, auf dem wir alle für Sie relevanten Informationen zusammenfassen.

Hierzu können Sie sich die Vorlage unter www.frankknoche.de/jobcockpit herunterladen oder auch mit einem leeren DIN-A4-Blatt starten. Nachfolgend gehe ich davon aus, dass Ihnen die Vorlage nicht zur Verfügung steht.

Schreiben Sie als erstes „Mein Persönliches Job-Cockpit" als Überschrift auf das Blatt. Direkt darunter schreiben Sie „Meine Glücksmomente" und übertragen Ihre 7 Top-Glücksmomente von Seite 79.

Darunter notieren Sie links „Job-Positivliste" und listen die 5 Begriffe von Seite 76 auf. Rechts daneben notieren Sie „Job-Negativliste" und listen die Begriffe von Seite 77 auf.

Darunter schreiben Sie „Meine Top-Fähigkeiten". Sehen Sie sich nun Ihr XING- oder LinkedIn-Profil an. Sollten Sie es noch nicht getan haben, sortieren Sie bitte dort zunächst Ihre Fähigkeiten nach Relevanz. Anschließend übertragen Sie Ihre 10 Top-

Fähigkeiten in Ihr Job-Cockpit. Die Top-Fähigkeiten können sehr unterschiedlich sein. Es gibt Menschen bei denen finden sich unter den Top-Fähigkeiten Begriffe wie „Controlling", „Bilanzierung", „IFRS" und „US-GAAP". Bei anderen finden sich eher generalistische Begriffe wie „Vertrieb", „Kaltakquisition", „Präsentation" und „Netzwerker". Es gibt hier kein richtig oder falsch. Notieren Sie die 10 Fähigkeiten, die für Sie persönlich die höchste Relevanz haben.

Darunter schreiben Sie „Meine Wunscharbeitgeber". Anschließend sehen Sie sich bitte Ihre drei nach Schulnoten am besten bewerteten Jobs auf den Seiten 67 bis 74 an. Welche Merkmale hatten die Firmen, bei denen Sie zu der Zeit tätig waren? Waren es eher Konzerne? Oder eher kleine Unternehmen? Waren es bestimmte Branchen? Herrschten bestimmte Organisationsformen vor? Notieren Sie auf Ihrer DIN-A4-Seite bis zu 5 Begriffe wie „Mittelstand", „schnelle Entscheidungen", „flache Hierarchien" oder „Internationalität".

Als Nächstes schreiben Sie „Meine Wunscharbeitsorte" auf Ihre DIN-A4-Seite. Darunter könnten Begriffe wie „Ausland", „Großstadt", „Homeoffice" oder auch „Einzelbüro" auftauchen.

Als Letztes schreiben Sie „Potenzielle Jobtitel" auf Ihre DIN-A4-Seite. Wenn Sie sich Ihr bisheriges Job-Cockpit ansehen, welche „Jobtitel" gehen Ihnen dabei durch den Kopf? Sie könnten jetzt an „Leiter Controlling" oder „Marketing Manager" denken.

Notieren sie sich diese Jobtitel auf Ihrem Job-Cockpit. Fallen Ihnen noch keine Jobtitel ein, lassen Sie diese Rubrik erstmal frei. Sie können hier jederzeit Ergänzungen vornehmen.

Sie haben es geschafft! Fertig ist ihr persönliches Job-Cockpit. Ihr Job-Cockpit könnte beispielsweise so aussehen:

Mein persönliches Job-Cockpit

Meine Glücksmomente

1. Komplexe Aufgabenstellungen
2. Kalkulieren und umsetzen
3. Internationale Zusammenarbeit
4. Sichtbare Ergebnisse
5. Fusionen / Integrationen
6. Musik
7. Reisen

Job-Positivliste

1. Eigenverantwortliches Arbeiten
2. Angenehme Kollegen
3. Eine Organisation, die funktioniert
4. Abwechslung
5. Gute IT-Systeme

Job-Negativliste

1. Maxtrixorganisation
2. Cholerische Chefs
3. Täglich ändernde Richtung
4. Unzuverlässigkeit
5. Stupides Abarbeiten

Meine Top-Fähigkeiten

1. Aufbau Reportingstrukturen
2. Bilanzierung
3. Verhandeln mit Banken
4. Projektmanagement
5. SOX
6. OLAP-Datenbanken
7. Konzeption
8. Konsolidierung
9. Integration
10. Bewertung

Meine Wunscharbeitgeber
z. B.: Konzern, Mittelstand, Startup, flache Hierarchien

Mittelstand

Meine Wunscharbeitsorte
z. B.: Ausland, Großstadt, Homeoffice

Umland einer Großstadt

Potenzielle Jobtitel
Kaufmännischer Leiter

Ihr Job-Cockpit ist natürlich eine Momentaufnahme, die sich im Laufe der Jahre verändern kann. Passen Sie daher von Zeit zu Zeit Ihr Job-Cockpit an. Nehmen Sie nun Ihr erstes Job-Cockpit und diskutieren Sie es im Familien- und Freundeskreis. Ihr Job-Cockpit ist die Basis für das Finden Ihres Traumjobs. Doch dazu mehr im nächsten Kapitel.

6 Authentisch zum Traumjob

Wie gefällt Ihnen Ihr erstes Job-Cockpit? Ihre Antwort sollte mindestens „gut" lauten, denn Ihr Job-Cockpit ist die Basis, um Ihren Traumjob nicht nur zu identifizieren, sondern auch wirklich zu bekommen. Sollten Sie mit Ihrem Job-Cockpit noch nicht zufrieden sein, dann besprechen Sie dieses nochmal mit Menschen, die Ihnen nahestehen. Lesen Sie erst weiter, wenn Sie mit Ihrem Job-Cockpit zufrieden sind.

Sie sind zufrieden mit Ihrem Job-Cockpit? Dann legen Sie dieses jetzt neben sich auf den Tisch und betrachten Sie noch einmal Ihre Top-Fähigkeiten.

Der „Ich werde schon gefunden"-Bullshit

Sie verfügen über Top-Fähigkeiten und Ihre XING- und LinkedIn-Profile haben wir ja auch schon „aufgepimpt" - daran werden wir übrigens noch weiterarbeiten. „Da wird mich schon jemand finden", denken Sie sich jetzt vielleicht. Ja, irgendjemand wird auf Ihre Profile stoßen. Dies sind Personalberater oder auch Personalabteilungen im Rahmen des „Active Sourcings". Die Frage ist nur, wann das passieren wird. Und wie oft. Und wenn jemand Sie über bestimmte Keywords findet, hat er dann auch einen Traumjob für Sie „im Angebot"?

Verstehen Sie mich bitte nicht falsch. Der Weg des „Gefundenwerdens" funktioniert manchmal, aber auch er ist vom Zufall gesteuert. Vielleicht stimmen Ihre Keywords mit dem Suchraster Ihrer Zielfirmen überein und Sie bekommen gute Jobangebote. Vielleicht aber auch nicht.

Wenn Sie in Ihrem Job zu 100 Prozent zufrieden sind, dann können Sie eine derartige Passivstrategie fahren. Sie warten einfach ab, was kommt. Da Sie aber dieses Buch lesen, gehe ich davon aus, dass Sie sich aktiv verändern möchten. Daher sollten Sie eine Aktivstrategie verfolgen, bei der Sie persönlich die Richtung vorgeben und damit schneller zum Ziel kommen.

Ihre XING- und LinkedIn-Profile sind die Basis dafür. Wenn Sie zum Beispiel XING-Premium-Mitglied sind, dann sehen Sie, über welche Suchanfragen Personalberater oder Personalabteilungen auf Ihr Profil aufmerksam geworden sind.

Sollten Sie bemerken, dass Sie über bestimmte Profileinträge überwiegend nicht passende Anfragen erhalten, dann sollten Sie diese Keywords in Ihrem Profil ändern.

Bemerken Sie, dass bestimmte Keywords besonders gut funktionieren, dann positionieren Sie diese entsprechend höher – zum Beispiel bei XING unter „Top-Fähigkeiten". Denken Sie auch über Synonyme eines gut funktionierenden Keywords nach. Wenn Sie zum Beispiel über „Digitalisierung" gute Anfragen erhalten, dann testen Sie doch auch mal

Begriffe wie „Industrie 4.0" oder „Digital Transformation". Vielleicht bekommen Sie darüber weitere gute Anfragen. Sie sehen, dass Ihre Profile nicht statisch sind, sondern dass Sie diese kontinuierlich optimieren sollten. Weitere Beispiele hierzu später.

Der „In meiner Branche kennt man mich"-Bullshit

Vielleicht sagen Sie sich auch: „Ich bin in meiner Branche sehr bekannt. Da werden schon die richtigen Anfragen kommen". Auch dies ist ein Irrglaube. Natürlich kann es durch Zufall passieren, dass ein direkter Wettbewerber Sie anspricht, aber vielleicht nicht mit dem richtigen Job und auch nicht zur rechten Zeit.

Ein weiteres Beispiel aus dem Profifußball soll Ihnen dies verdeutlichen: Stellen Sie sich vor, Sie waren Fußballtrainer beim FC Chelsea. Sie sind weltweit ein anerkannter Fachmann. Ihr Vertrag bei Chelsea endet in 6 Monaten. Was würden Sie tun? Ihre Hände in den Schoß legen und warten, bis Sie von Bayern München oder dem FC Barcelona angesprochen werden?

Beobachten Sie mal, was selbst langjährige Top-Fußballtrainer machen: Sie bringen sich ins Gespräch. Manche schreiben Bücher über Führung im Sport, andere halten Vorträge oder positionieren sich, indem sie das Geschehen bei ihren Wunschvereinen aktiv kommentieren.

Beobachten Sie mal, wenn irgendwo ein Trainer-stuhl wackelt. Es gibt dann immer einige potenzielle Nachfolger, die „mit den Hufen scharren" und sich gezielt durch Kommentare wie „Ist doch klar, dass man mit einer Viererkette gegen den Gegner keinen Stich bekommt" ins Spiel bringen.

Sie sollten dies ähnlich tun. Positionieren Sie sich aktiv in Ihrer Branche. Sie brauchen dazu keine Bücher schreiben. Es genügt, wenn Sie sich zur rechten Zeit am rechten Ort positionieren. Dies muss nicht so offensiv sein, wie im Beispiel des Fußballtrainers, der die Strategie seines Vorgängers in Frage stellt.

Gehen Sie dezenter vor: Es genügt manchmal schon, wenn Sie „zufällig" Ihrem Wunscharbeitgeber auf einer Messe über den Weg laufen. Oder Sie halten einen Vortrag auf einem Branchenevent. Oder geben ein Statement in einer Fachzeitschrift ab. Oder ein Interview.

Überlegen Sie, welche Maßnahmen Sie ergreifen könnten, um in Ihrer Branche positiv aufzufallen. Ihnen sollte allerdings bewusst sein, dass eine einzelne Maßnahme in der Regel nicht ausreicht. Hier gilt das gleiche wie bei einem Medikament: Erst ab einer gewissen Dosis setzt die Wirkung ein. Und es gilt auch: Eine zu hohe Dosis kann tödlich sein.

Versuchen Sie für sich ein gesundes Mittelmaß zu finden, um positiv wahrgenommen zu werden.

Der „Mein Headhunter besorgt mir einen Job"-Bullshit

Personalberater/Headhunter sind keine Arbeitsvermittler. Personalberater helfen Unternehmen, vakante Positionen zu besetzen. Hierzu schlägt der Personalberater dem Unternehmen die aus seiner Sicht qualifiziertesten Kandidaten für eine spezifische Vakanz vor.

Wenn die Anforderungen des Auftraggebers mit Ihrer persönlichen Expertise übereinstimmen, werden Sie vom Personalberater kontaktiert und dieser prüft gemeinsam mit Ihnen, ob Sie Interesse an der jeweiligen Vakanz haben.

Stellen Sie sich einen Personalberater wie einen Castingdirektor beim Film vor: Nehmen wir an, der Regisseur eines Films sucht den neuen „Spiderman". Er hat schon konkrete Vorstellungen im Kopf, wie der neue „Spiderman" aussieht, wie er sich bewegt, wie er lacht usw.

Die Aufgabe des Castingdirektors ist es nun, dem Regisseur die besten Schauspieler für diese Rolle zu präsentieren. Da der Castingdirektor langfristig mit dem Regisseur zusammenarbeiten möchte, wird er ihm nur die aus seiner Sicht besten „Spiderman-Charaktere" präsentieren und versuchen, die Anforderungen des Regisseurs bestmöglich zu erfüllen. Er wird dem Regisseur daher keine „Obelix-Charaktere" präsentieren. Der Castingdirektor ist von seiner „Spiderman-Auswahl" überzeugt und wird alles dafür tun, dass einer seiner ausgewählten Schauspieler die Rolle bekommt.

Genauso ist es mit Personalberatern. Der **Personalberater** präsentiert dem Kunden die aus seiner Sicht besten Kandidaten für einen Job. Er setzt alles daran, dass **einer seiner Kandidaten** den Job bekommt.

Ein **Arbeitsvermittler** hingegen ist eher auf die schnelle Rückkehr **aller seiner Kandidaten** in ein Beschäftigungsverhältnis fokussiert. Sie erkennen den Unterschied zum Personalberater?

Vielleicht hat Sie auch schon ein Personalberater auf einer Branchenveranstaltung wahrgenommen oder eine Empfehlung erhalten, dass Sie aktuell für neue Positionen offen sind? Dies ist wieder die Passivstrategie.

Wenn Sie eine Aktivstrategie verfolgen, können Sie gern direkt auf Personalberater zugehen. Sie müssen dann allerdings schon eine gute Vorstellung darüber haben, wie Ihr nächster Karriereschritt aussehen sollte.

Bevor Sie einen Personalberater kontaktieren, sollten Sie recherchieren, in welchem Umfeld der Personalberater tätig ist. Es bringt nichts, wenn Sie sich zum Beispiel als Controller an einen Personalberater wenden, der ausschließlich auf Chefärzte spezialisiert ist. Wenn Sie passende Personalberater identifiziert haben, dann senden Sie diesen eine E-Mail in der Sie in 2 bis 3 Sätzen gleich zur Sache kommen und erklären, welche Erfahrung Sie haben, was Ihr Key Selling Point ist und was Sie sich konkret als nächsten Karriereschritt (Karrierelevel, fachlich, örtlich) vorstellen. Dies ist wichtig, da der Personalberater mit einer Vielzahl von potenziellen Kandidaten im Kontakt steht. Dieser E-Mail fügen Sie einen maximal vierseitigen Lebenslauf (keine Zeugnisse) bei. Ein Follow-Up-Anruf schadet nicht. Ihr Ziel ist es, im Kopf des Personalberaters haften zu bleiben – nicht in seiner Datenbank. Auch hier gilt das gleiche wie bei Medikamenten: Die richtige Dosis ist entscheidend. Nicht zu wenig, aber auch nicht zu viel.

Es ist ein Irrglaube, dass Personalberater in jedem Fall umfangreiche Datenbankrecherchen durchführen, wenn sie neue Mandate zu besetzen haben. Insbesondere im Bereich Executive Search haben hochspezialisierte Personalberater oftmals schon Ideen für passende Kandidaten im Kopf, wenn eine neue Position zu besetzen ist.

Datenbanken von Personalberatern haben die gleichen Probleme wie Karriereplattformen oder Bewerberdatenbanken von Unternehmen: Mal abgesehen von den datenschutzrechtlichen Bestimmungen, die einzuhalten sind, veralten die Kandidateninformationen in diesen Datenbanken sehr schnell – dies trifft für Personalberatungen jeglicher Größe zu.

Auch sagt die Datenbankgröße nichts über Ihre individuellen Erfolgswahrscheinlichkeiten aus. Sie müssen auch in der jeweiligen Datenbank gefunden werden. Ein spezialisierter Personalberater kennt Sie vielleicht schon seit Jahren persönlich und weiß, auf welche Positionen er Sie gezielt ansprechen sollte – auch ohne seine Datenbank zu benutzen.

Die breit gestreute Initiativbewerbung ist Bullshit

Eine Initiativbewerbung zu schreiben ist heutzutage einfach: Standardtext schreiben, Serienbrief drucken oder Massen-E-Mails raussenden. Fertig.

Es gibt tatsächlich einige Bewerbungsratgeber, die genau die Methode als erfolgreich propagieren. Erreicht wird mit der „Methode Schrotflinte" genau das Gegenteil. Sie „schießen" wahllos auf eventuell passenden Unternehmen, in der Hoffnung, dass man dort Ihr Potenzial erkennt.

Dies passiert in der Regel nicht. Stattdessen schießen Sie sich ins Aus und werden als Spam wahrgenommen. Die Anzahl der Initiativbewerbungen hat nicht nur Personalberatern, sondern auch bei Unternehmen massiv zugenommen.

Dies liegt unter anderem daran, dass es verschiedenste Bücher und auch Seminaranbieter/ Coaches gibt, die diese Vorgehensweise als erfolgreich propagieren. Erfolgreich ist diese Methode in der Regel nur für die Buchautoren und Seminaranbieter/Coaches - allerdings in den seltensten Fällen für die Bewerber. Die Wahrscheinlichkeit, dass Sie mit einer generalistisch gehaltenen Initiativbewerbung zu einer neuen Position kommen ist so groß wie ein Sechser im Lotto. Es ist reines Glücksspiel.

Initiativbewerbungen haben oft Betreffzeilen wie: „Erfolgreicher Geschäftsführer mit 20 Jahren Erfahrung sucht neue Herausforderung in General Management, Vertrieb oder Finanzen". Die Absicht dahinter ist klar. Der Bewerber möchte sich für verschiedenste Tätigkeitsfelder interessant machen. Der Bewerber erreicht damit aber genau das Gegenteil. Er ist für niemanden interessant, da er nicht greifbar ist. Der Bewerber ist damit beliebig austauschbar und suggeriert, dass er nicht weiß, was er will.

Dies ist ungefähr so als wenn Sie in den Supermarkt gehen und sagen: „Ich suche einen Brotaufstrich - entweder Butter, Margarine, einen Olivenaufstrich oder auch einen Avocado-Aufstrich. Vielleicht auch Nussmus." Dies ist wenig zielführend. Zielführend wäre: „Ich suche eine gesalzene Biobutter vom regionalen Bauern". Genauso fokussiert sollten Sie bei einer Initiativbewerbung sein. Dann kann dieser Weg funktionieren – aber es gibt bessere Wege.

Studien haben gezeigt, dass Initiativbewerbungen maximal 8 Sekunden gelesen werden. In diesen 8 Sekunden müssen Sie Ihren Adressaten erreichen und ihn motivieren, Ihren Lebenslauf anzusehen. Dies wird mit einer generalistischen Initiativbewerbung in der Regel nicht gelingen.

Nachfolgend zwei Beispiele aus der Praxis, die ich leicht verfremdet habe. Stellen Sie sich vor, Sie sind Personalberater und erhalten folgende Initiativbewerbungen:

Kandidat A:

„Haben Sie derzeit eine anspruchsvolle Tätigkeit für einen kompetenten technischen Bereichsleiter, der signifikante Erfolge vorweisen kann?

Auf der Basis meines Ingenieursstudiums habe ich mir umfassende Kompetenzen in den Bereichen Führung, Operational Excellence, Projektierung und Change Management aufgebaut.

Dabei konnte ich meine ausgeprägten Stärken wie unternehmerisches Handeln und analytisches Denken bei meinem bisherigen Arbeitgeber mit einem Umsatz von x € unter Beweis stellen.

Mein Ziel ist es, ein Technologie-Unternehmen zu verstärken, damit es mit mir seine Entwicklung als Technologieführer in seinem Markt ausbauen kann."

Kandidat B:

„Mit dieser Bewerbung stelle ich mich Ihnen als erfahrener und kommunikationsstarker Manager vor.

Als führungserfahrener Generalist habe ich insbesondere durch den Aufbau und die Ausrichtung von Teams mein unternehmerisches Denken und Handeln unter Beweis gestellt.

Mit meinem Gespür für Menschen und Situationen sowie meinen praktischen Erfahrungen habe ich unter anderem diese nachweisbaren Erfolge erzielt:

(Es folgt eine Aufzählung sehr generischer „Erfolge")

Insbesondere meine strukturierte Arbeitsweise, Eigeninitiative, Durchsetzungsstärke und ergebnisorientierte Mitarbeitermotivation sind dabei zielführend.

Meine Wechselmotivation: Die Chance, die Beendigung meines aktuellen Arbeitsverhältnisses zu nutzen, um mich neu aufzustellen."

Was würden Sie als Personalberater mit derlei Initiativbewerbungen machen?

Wir erhalten täglich diese Art von Initiativbewerbungen; teilweise mit Aneinanderreihungen von mehr als 20 Adjektiven, die Erfahrungen und Erfolge des jeweiligen Kandidaten darstellen sollen. Diese Adjektive sind austauschbar und treffen für viele Kandidaten zu. Mittlerweile kann ich Ihnen sagen, welcher Bewerber welchen Bewerbungsratgeber gelesen hat. Teilweise werden die Formulierungen 1:1 aus dem jeweiligen Ratgeber übernommen.

Wo ist der USP des jeweiligen Bewerbers? Sehen Sie sich die beiden Beispiele nochmal an. Wie sollen derartige Ansammlungen von allgemeingültigen

Begriffen überhaupt dazu motivieren, den Lebenslauf der beiden Kandidaten zu öffnen?

Denken Sie an die 8 Sekunden, in denen Sie Ihren Adressaten erreichen müssen. Insbesondere bei Initiativbewerbungen sollten Sie Ihr Anschreiben kurzhalten und sich auf Ihren USP fokussieren. Schreiben Sie in maximal 2 Absätzen, was Sie wirklich wollen. Und verzichten Sie auf jegliche Floskeln. Nur dann besteht die Chance, dass Ihr Lebenslauf bei einer Initiativbewerbung überhaupt gelesen wird.

Sollten Sie über Initiativbewerbungen nachdenken, dann setzen Sie diese sehr gezielt ein. Sehen Sie sich Ihr Job-Cockpit an und überlegen Sie, mit welchen Fähigkeiten Sie bei welchen Unternehmen punkten können. Initiativbewerbungen sind keine Massenbewerbungen. Jede Initiativbewerbung ist individuell auf das jeweilige Unternehmen zugeschnitten, welches Sie kontaktieren. Nur dann haben Sie eine Chance, dass Sie positiv wahrgenommen und nicht als Spam abgestempelt werden.

Bewerben über Jobanzeigen

Wie kommen Sie über Anzeigen zu Ihrem Traumjob? Ganz einfach: Nehmen Sie Ihr Job-Cockpit zur Hand und überlegen Sie, über welche Stichworte Sie Jobs suchen möchten. Nutzen Sie dazu am besten eine Jobplattform, die über eine Boolesche Suche verfügt. Dies bedeutet, dass Sie Jobanzeigen mit Hilfe von Operatoren wie zum Beispiel „AND", „OR" und „NOT" durchsuchen können.

Die Jobplattform Indeed (www.indeed.com) bietet eine derartige Suche an. Sie könnten dort beispielsweise nach Jobangeboten suchen, bei denen „Controller" im TITLE („TITLE" ist ein weiter Boolescher Operator) steht AND „flache Hierarchien" im Fließtext. Zusätzlich geben Sie NOT „Stahl" ein, da Sie nicht in der Stahlindustrie arbeiten möchten.

Sie können bei Indeed auch gänzlich ohne Jobtitel suchen. Versuchen Sie es einmal und geben Sie drei Ihrer Fähigkeiten in die Suche ein. Dies könnte zum Beispiel sein:

„Kreativität" AND „Change Management" AND „Musik"

Mit derartigen Verknüpfungen kommen Sie auf Jobs, die Ihren Fähigkeiten entsprechen, an die Sie vermutlich aber nicht gedacht hätten, wenn Sie über die Jobtitel-Suche gegangen wären. Probieren Sie es gern selbst mal aus, indem Sie verschiedene Ihrer Fähigkeiten kombinieren und eine entsprechende Suche starten. Sie werden positiv überrascht sein.

Gefallen Ihnen die Suchergebnisse einer bestimmten Suche? Dann sollten Sie sich einen entsprechenden Job-Alert anlegen, sodass Sie automatisch täglich oder wöchentlich neue Jobangebote nach Ihren Kriterien zugesandt bekommen.

Ein weiterer Vorteil von Jobplattformen wie Indeed ist, dass Sie dort nicht nur Anzeigen durchsuchen können, die direkt bei Indeed geschaltet sind, sondern zusätzlich aggregiert auch Jobangebote von anderen Jobplattformen, Personalberatungen und Unternehmenskarriere-Webseiten. Dies ist kein Alleinstellungsmerkmal von Indeed, wird aber bei weitem nicht von allen Jobplattformen angeboten.

Achten Sie also darauf, dass Ihre Lieblings-Jobplattform eine Boolesche Suche und aggregierte Jobangebote anbietet.

Ihre Masterstrategie zum Traumjob

Wir haben in Kapitel 6 schon verschiedene Wege zum Traumjob kennengelernt. Doch welcher Weg ist am erfolgversprechendsten?

Zunächst einmal sollten Sie wissen, was Sie wollen. Hierzu haben Sie Ihr Job-Cockpit entwickelt, welches Ihnen eine Hilfestellung dazu gibt, wie Ihr Traumjob aussieht und welche Faktoren Sie für Ihre langfristige Zufriedenheit benötigen.

Darauf aufbauend sollten Sie alle Kanäle „bespielen". Das bedeutet:

Aussagekräftige XING- und LinkedIn-Profile sind die Basis, damit Sie auch passiv gefunden werden.

Bauen Sie sich lange bevor Sie überhaupt über einen Jobwechsel nachdenken ein Netzwerk auf: Halten Sie Kontakte zu Kunden, Stakeholdern, Wettbewerbern, Personalberatern etc.

Kommunizieren Sie mit Ihrem Netzwerk klar und in der richtigen Dosis: Nicht zu wenig, aber auch nicht zu viel. Klasse geht vor Masse. Kommunizieren Sie ehrlich. Seien Sie authentisch. Kommen Sie auf den Punkt.

Erweitern Sie Ihren Suchradius:

- Dies können Sie spielerisch kreativ mit Hilfe Ihrer Fähigkeiten aus dem Job-Cockpit und Boolescher Suche einer Jobplattform machen.
- Überlegen Sie auch, ob ein vermeintlicher Karriererückschritt (zum Beispiel von einem Konzern zu einem mittelständischen Unternehmen) nicht auch eine Chance für Sie sein kann.
- Flexibilität hinsichtlich Optionen aus anderen Branchen haben Sie ja schon durch Ihre Arbeit mit dem Job-Cockpit gezeigt.
- Weitere Chancen bieten sich auch, wenn Sie räumlich flexibel sind und Jobs in verschiedenen Regionen in Betracht ziehen.

Einen Kanal haben wir noch vergessen. Ich wette Sie kommen selbst darauf: Richtig. Beziehen Sie auch Ihre Freunde und Bekannten in Ihre Suche nach dem Traumjob mit ein. Durch Ihr Job-Cockpit haben Sie genügend „Futter" für Botschaften an

Ihren Freundeskreis, damit Ihnen dieser bei der Jobsuche nützlich sein kann.

Sie können Ihre Jobsuche beim privaten Grillabend kommunizieren, in Ihrer Volleyballgruppe und auch im Rahmen eines Elternabends Ihrer Jüngsten. Auch hier gilt: Zielgerichtet und dosiert Ihre Wechselabsichten streuen.

Denken Sie noch mal an unseren Violine spielenden Controller aus Kapitel 5. Wenn er von der Stahlbranche in die Musikbranche wechseln möchte, dann können seine privaten Musikerfreunde die besten Kontakte bei der Suche nach einem neuen Job sein.

Besonderheiten bei der Jobsuche ab 100.000 € Jahresgehalt

In unteren und mittleren Gehaltsregionen kann ein Jobwechsel schon schwierig sein. Noch schwieriger wird es in höheren Gehaltsregionen und bei Führungskräften.

Dort dauern in der Regel nicht nur die Entscheidungsprozesse länger (siehe Kapitel 2), sondern es gibt auch viele Interessenten auf vergleichsweise wenige Positionen.

Hierzu wieder ein Beispiel aus der Fußballwelt: Es gibt 890 Fußballlehrer in Deutschland, aber nur 56 Profivereine bieten einen Job. Dazu kommen auch noch Trainer aus dem Ausland, die ebenfalls einen deutschen Profiverein trainieren möchten.

Eine direkte Anschlussposition als Profitrainer zu finden, erfordert sehr viel Anstrengung und auch ein wenig Glück. So müssen Trainer aus der 1. Bundesliga flexibel sein und zum Beispiel auch über Trainerstellen in der 2. Bundesliga oder im Ausland nachdenken.

Ähnlich stellt es sich für Positionen in der Gehaltsregion ab circa 100.000 € dar: Es gibt wesentlich mehr qualifizierte Bewerber als offene Top-Positionen. Einen Wechsel sollten Sie daher gezielt vorbereiten und Vorlauf einkalkulieren.

7 Authentisch im Bewerbungsprozess

Es gibt eine Vielzahl von Bewerbungsratgebern, die Ihnen erklären, durch welche Formulierungen in Bewerbungsanschreiben Sie „immer" zum Vorstellungsgespräch eingeladen werden und was Sie dort auf bestimmte Fragen antworten müssen, um „garantiert" erfolgreich zu sein.

Funktioniert das? Nein! Vergessen Sie es. Das ist alles Bullshit. Das Einzige was funktioniert, ist authentisch zu sein.

Selbst wenn Sie sich von einem Ghostwriter eine perfekte Bewerbung schreiben lassen und von Personalabteilungen „gewünschte Antworten" im Vorfeld trainieren würden und man Sie auf dieser Basis einstellt, dann hat man nicht Sie eingestellt, sondern „das Produkt", das Sie im Bewerbungsprozess dargestellt haben. Damit tun Sie weder sich, noch dem Unternehmen einen Gefallen. Den Unternehmensalltag kann man nicht trainieren. Während der Probezeit fällt früher oder später Ihre Fassade und die Ernüchterung ist auf beiden Seiten groß. Kein Unternehmen will mit einer „Mogelpackung" arbeiten. Die Kündigung kann dann sehr schnell folgen.

Damit es nicht soweit kommt, bewerben Sie sich bitte authentisch. Das fängt schon beim Anschreiben an.

Das authentische Bewerbungsanschreiben

Im Kapitel über die Initiativbewerbung hatte ich Ihnen ja schon Beispiele für nichtssagende Bewerbungsanschreiben skizziert.

Es bringt nichts, die Formulierungen der Bewerbungsratgeber abzuschreiben oder zu adaptieren. Damit schießen Sie sich ins Aus. Kommen Sie mit Ihrem Bewerbungsanschreiben auf den Punkt. Legen Sie kurz dar, wer Sie sind und warum gerade Sie sich bewerben. Die Amerikaner nennen das „Motivation Letter". In Deutschland ist der Motivation Letter zum „Schwafel-Letter" verkommen. Überraschen Sie positiv. Unser Violine spielender Controller könnte zum Beispiel bei seiner Bewerbung bei einem Musikverlag wie folgt punkten:

„Controlling und Musik sind meine Leidenschaften. Mein Ziel ist es, beide Leidenschaften beruflich bei Ihnen zu vereinen".

Das ist authentisch.

Hier zum Vergleich das deutsche Einheitsgeschwafel:

„Als Controller mit langjähriger Berufserfahrung auch in komplexen internationalen Projekten wäre es für mich eine besondere Herausforderung einem führenden Musikverlag zu weiterem Erfolg zu verhelfen."

Welchen Kandidaten würden Sie zum Vorstellungsgespräch einladen?

Daher nochmal: Seien Sie authentisch und grenzen Sie sich vom Einheitsgeschwafel ab!

Generell gilt für das Anschreiben und auch für den Lebenslauf, was der Journalist Wolf Schneider wie folgt formuliert hat:

- Hauptsachen gehören in Hauptsätze.
- Nach zwölf Wörtern hat der Adressat alles zu wissen.
- Lesen Sie Ihren Text laut – denn der ideale Text ist ans Mündliche angelehnt.
- Adjektive sind die überflüssigste Wortart.
- Meiden Sie Nominalstil.

Der authentische Lebenslauf

Auch über Lebensläufe gibt es komplette Ratgeber, deren Inhalte mal mehr und mal weniger relevant sind. Beim Lebenslauf gilt auch wie beim Bewerbungsanschreiben: Bleiben Sie authentisch und „schärfen" Sie den Lebenslauf auf die jeweilige Position, auf die Sie sich bewerben.

Schärfen bedeutet, dass Sie Ihren Lebenslauf dahingehend fokussieren, dass der potenzielle neue Arbeitgeber seine Anforderungen durch Ihr Profil gut abgedeckt sieht. Hierbei sollten Sie natürlich bei der Wahrheit bleiben, bei Beispielen aber genau die Projekte auswählen, die auch eine gewisse Relevanz zu den Anforderungen des potenziellen

Arbeitgebers aufweisen oder in denen er sich gut wiederfindet.

Ein guter Lebenslauf hat maximal 4 Seiten (auch wenn Sie 25 Jahre Berufserfahrung haben). Mehr als 4 Seiten liest kein Personaler oder Personalberater.

Ein guter Lebenslauf beginnt auf der ersten Seite mit Ihrem „Elevator Pitch". Dies sind 3-5 Zeilen oder Bullet Points, die Ihr bisheriges Berufsleben und Ihre Fähigkeiten zusammenfassen. Diese Zeilen entscheiden darüber, ob der Personaler oder Personalberater überhaupt weiterliest.

Bei Initiativbewerbungen sollten Sie nach dem „Elevator Pitch" Ihre Zielposition möglichst genau formulieren, zum Beispiel: „Angestrebte Position: Vorstand im internationalen Vertrieb im Umfeld der erneuerbaren Energien".

Verzichten Sie auf ein Deckblatt mit Foto und Adresse (dies integrieren Sie bitte in die erste Seite Ihres Lebenslaufes, wobei ein Foto kein Muss ist).

Verzichten Sie auf die von einigen Büchern und Seminaranbietern propagierte Darstellung Ihres „Leistungs- und Erfahrungsspektrums" oder Ihres „Kompetenzprofils" vor den beruflichen Stationen. Dies sind redundante Informationen. Niemand liest diese ein- bis zweiseitigen Ausführungen.

Berufliche Stationen sollten chronologisch aufgelistet sein. Jede berufliche Station sollte „Arbeitsschwerpunkte" und „Arbeitserfolge" enthalten. Fokussieren Sie sich hier auf jeweils maximal 5 relevante Arbeitsschwerpunkte und maximal 3 Arbeitserfolge. Zumindest die Arbeitsschwerpunkte sollten Sie in Kurzform auch in Ihre Profile auf XING und LinkedIn übernehmen.

Wenn Sie seit mehr als 10 Jahren im Beruf sind, verzichten Sie auf die Aufzählung von Praktika, Wehr- oder Zivildienst und Hobbies wie „Wandern" oder „Lesen". Sie sollten sich auf das Wesentliche fokussieren.

Auch zweitägige Weiterbildungen oder allgemeine Kenntnisse/Fähigkeiten wie „MS Office", „Internet" oder „Teamfähigkeit" gehören nicht in den Lebenslauf. Dies sind allgemeine Kenntnisse/Fähigkeiten, die von Ihnen erwartet werden.

Die ausführliche Darstellung von Semesterarbeiten oder die Nennung der besuchten Grundschule haben im Lebenslauf ebenfalls nichts zu suchen. Ihre Abiturnote und die besuchte höhere Schule können Sie gern nennen, ansonsten fokussieren Sie sich bitte auf Ihre erreichten Studienabschlüsse.

Sie sollten immer Ihren maximal vierseitigen Lebenslauf Ihrer Bewerbung beifügen. Verzichten Sie bitte auch auf Spielereien wie die folgende aus meiner Praxis als Personalberater: Manche Kandidaten wollen besonders innovativ sein und schicken nur einen „Lebenslauf-Teaser", um neugierig zu machen. Den kompletten Lebenslauf „darf" man sich dann selbst herunterladen:

„Meinen kompletten Lebenslauf finden Sie unter www.maxmustermann.de/login. Ihr persönliches Passwort lautet Chance!"

Sie denken dies sei ein Scherz? Leider nein. Kommt häufiger vor als Sie denken. Verzichten Sie bitte auf derartige Spielereien. Niemand wird sich Ihren Lebenslauf herunterladen.

Auch Zeugnisse senden Sie bitte nur dann, wenn diese explizit gefordert werden. Und fassen Sie bitte die relevanten Zeugnisse chronologisch zu einer Datei zusammen. In der Praxis habe ich schon 18 einzelne Dateien erhalten, die auch noch kryptische Namen wie „BeschAL" und „GenGF" hatten und damit keine Rückschlüsse auf den Inhalt zuließen. Es ist ärgerlich, wenn Sie das letzte Abschlusszeugnis suchen, sich aber erst durch irrelevante Seminarbescheinigungen zu „Führen in komplexen Situationen" und „Leadership 2.0" sowie die ebenfalls irrelevante Ersthelferbescheinigung durcharbeiten müssen.

Das authentische Bewerbungsgespräch

Auch zum Verhalten in Bewerbungsgesprächen gibt es eine Vielzahl von Ratgebern, die Ihnen erklären, mit welchen Aussagen Sie vermeintlich punkten. Ich wiederhole mich: Spielen Sie dem potenziellen Arbeitgeber keine Rolle vor, sondern seien Sie authentisch. Sie haben Ihr Job-Cockpit der-

art verinnerlicht, dass Sie auf alle im Bewerbungsgespräch auftauchenden Standardfragen antworten
können.

Der „Killerfragen"-Bullshit

In nicht wenigen Gesprächen wird auch heutzutage noch nach Ihren Stärken und Schwächen
gefragt. Die Stärken sind Ihre Fähigkeiten, die in
Ihrem Job-Cockpit stehen. Die Frage nach den
Schwächen habe ich noch nie verstanden. Selbstref-
lektion kann man im Bewerbungsgespräch über andere Wege besser „testen". Auf die Frage nach den
Schwächen wird niemand antworten: „Ich bin ein
Choleriker und nach drei Stunden kann ich mich
nicht mehr konzentrieren." Was für alle Fragen gilt,
gilt auch, wenn Ihnen die Frage nach Ihren Schwächen gestellt wird: Sie sollten eine authentische Antwort parat haben. Auch hier wieder ein Praxisbeispiel:

Ich begleitete einen Software-Ingenieur zu seinem Bewerbungsgespräch. Von Seiten des Unternehmens waren der potenzielle Vorgesetzte und
der Human Resources Manager (HR Manager) an-
wesend. Der HR Manager stellte die Frage nach den
Schwächen. Der Software-Ingenieur überlegte kurz
und sagte dann: „Wissen Sie, ich könnte Ihnen jetzt
irgendwelche belanglosen Schwächen erzählen, die
ich mir gerade ausgedacht habe. Aber bringt uns
das weiter?". Der potenzielle Vorgesetzte fing an zu
lachen und sagte in Richtung des HR Managers:

„Sehen Sie. Das habe ich Ihnen schon immer gesagt. Kein Mensch antwortet ehrlich auf diese Frage." Der Software-Ingenieur hatte die Frage damit authentisch beantwortet und beim potenziellen Vorgesetzten gepunktet. Auch Sie sollten eine für Sie authentische Antwort auf diese noch immer sehr verbreitete Frage parat haben.

Auch bei den gerne durchgeführten „Logiktests" gibt es keine richtigen und falschen Antworten. Wichtig ist auch hier, dass Sie schlagfertig sind und eine für Sie authentische Antwort geben. Wieder ein Praxisbeispiel:

Frage eines Personalleiters an den Kandidaten: „Wie viele Smarties passen in einen Smart?" Smartes Wortspiel des Personalleiters, oder? ;-)

Eine mögliche authentische Reaktion könnte sein, dass Sie sofort anfangen zu „rechnen" und sagen: „In den Kofferraum passen 5 Rollen Smarties in der Breite nebeneinander. In der Tiefe sind es 20 Rollen und in der Höhe 50 Rollen. Das sind allein im Kofferraum 5000 Rollen mit jeweils 50 Smarties ...".

Oder Sie hinterfragen die Aufgabenstellung: „Meinen Sie das gesamte Auto? Oder nur die Rücksitze?" Oder einfach: „Was hat das mit meinem Job als Grafiker zu tun?".

Eine ebenfalls authentische Antwort wäre, dass Sie sagen: „Ich habe gar keinen Führerschein."

Wichtig ist bei derartigen Aufgaben, dass Sie authentisch antworten. Unnötig und sogar kontraproduktiv ist, sich Bewerbungsbücher zu kaufen und die Antworten auf derlei Fragen auswendig zu lernen.

Wenn's beim ersten Mal mit dem Traumjob nicht geklappt hat

Sie waren authentisch und haben bei Ihrem Bewerbungsgespräch „alles gegeben"? Seien Sie nicht enttäuscht, wenn es beim ersten Mal nicht gleich klappt. Wenn Sie eine Absage erhalten, versuchen Sie Feedback vom Unternehmen zu erhalten. Manchmal gibt es tatsächlich einen rationalen Grund, weshalb Sie nicht die erste Wahl waren. Nicht immer wird dieser Grund Ihnen auch mitgeteilt, aber einmal nachfragen können Sie schon, um für zukünftige Gespräche zu lernen.

Entscheidungsprozesse bei Bewerbungen sind jedoch selten rational. Dies ist wie bei einem Schauspielercasting: Mal erhält der Schauspieler die Rolle, weil er den Regisseur an dessen Bruder erinnert. Mal erhält der Schauspieler die Rolle gerade deshalb nicht, weil er den Regisseur an dessen Bruder erinnert.

Dies ist auch in der Unternehmenswelt so: Mal kommt es zu „politischen" Entscheidungen, mal wählt man im Gruppenkonsens den kleinsten gemeinsamen Nenner aus, mal entscheidet man sich auch gar nicht und sucht monatelang weiter.

Nehmen Sie die Absage sportlich und betrachten Sie diese als Trainingslauf für Ihr nächstes Bewerbungsgespräch.

Authentisch werden Sie früher oder später zum Ziel kommen. Ich wünsche Ihnen viel Erfolg dabei.

Feedback erwünscht

Ich hoffe, Ihnen hat dieses Buch gefallen. Teilen Sie mir gern Ihre Erfahrungen per E-Mail mit: feedback@frankknoche.de

Auch freue ich mit über eine (hoffentlich positive) Rezension bei Amazon.

Verbinden Sie sich auch gern mit mir über Twitter: @FrankKnoche

Ich wünsche Ihnen alles Gute für Ihren beruflichen Weg. Ich wünsche Ihnen, dass Sie berufliche Zufriedenheit und Erfüllung erleben.

Und vielleicht laufen wir uns ja auch mal persönlich über den Weg.

Herzliche Grüße

Ihr

Frank Knoche

Zeitfracht Medien GmbH
Ferdinand-Jühlke-Straße 7
99095 Erfurt, Deutschland
produktsicherheit@kolibri360.de